MIGUEL DE CERVANTES SAAVEDRA

Heroínas de Cervantes

www.everest.es

Adaptación y revisión:
José Cañas Torregrosa

Coordinación editorial:
Ángeles de Paz Sánchez

Diseño de colección:
Eva Zuazua

Imagen de cubierta:
Maite Rabanal

Impresión:
Liberdigital (Casarrubuelos, Madrid)

© Ediciones Paraninfo (con la licencia de Paraninfo Propiedad Intelectual, S. L.)
C/ Sierra de Guadarrama, 35. Naves 2, 3, 4 y 5
Polígono Industrial San Fernando II. 28830 San Fernando de Henares
Tel.: (+34) 914 463 350 / E-mail: info@everest.es

ISBN: 978-84-10333-88-8
Depósito legal: M-2414-2026
Printed in Spain - Impreso en España

Atención al cliente: 91 446 33 50

ÍNDICE

A Ana, mi compañera de camino y vida,
agradecido por enseñarme a ver el mundo
y a las personas desde otras perspectivas.

HEROÍNAS
DE CERVANTES

Una mirada femenina en sus Novelas ejemplares

(«La gitanilla», «La española inglesa», «La ilustre fregona»)

MIGUEL DE CERVANTES SAAVEDRA

José Cañas Torregrosa

◆ 1 ◆

MIGUEL DE CERVANTES, UN RETRATO DE SÍ MISMO EN UN LIBRO SINGULAR

Ya resultó significativa, además de importantísima y necesaria, la aparición en el mundo de la literatura española de un libro de tanta trascendencia como el de las *Novelas ejemplares*, escrito por Miguel de Cervantes Saavedra, nuestro insigne creador del *Quijote*. Fueron publicadas en 1613, lo que hace suponer que el autor las escribió a finales del siglo xvi y principios del xvii —algunos biógrafos aseguran que entre 1590 y 1612—.

Si la segunda parte del *Quijote* fue publicada en 1616 y la primera, ocho años antes, observamos un estrecho margen entre todas estas producciones. En el momento de la publicación de las *Novelas ejemplares*, Miguel de Cervantes cuenta con 66 años y una experiencia de vida ancha y extensa. Está en su cenit profesional como escritor. Por eso, si la primera parte del *Quijote* marca tendencia literaria, con la aparición de preeminentes personajes, la variedad y la cantidad que ahora Cervantes presenta y proyecta en estas novelas completan, desarrollan y extienden la relación de tipos y de las historias que estos son capaces de generar, lo que engrandece más todavía su ya enorme figura literaria.

Es cierto que el éxito abrumador del *Quijote* puede oscurecer en cierto modo otras producciones cervantinas, entre ellas, las *Novelas ejemplares*, pero en ningún caso las minimizan o reducen, sino que lo complementan y potencian. Tal es el universo literario cervantino.

Con estas *Novelas ejemplares* su narrativa se muestra ante el mundo densa, compleja, rica, multifacética, llena de matices y de compromiso, intensa y crítica. No es de ninguna manera un Cervantes monotemático, unidireccional, autor de un solo libro, sino todo lo contrario. Se trata de un autor único y original que transitó con éxito por diversos géneros, y que convenció al mundo, sobre todo, por sus novelas.

Pero ¿cómo era físicamente Miguel de Cervantes? No se conserva ningún retrato suyo de su época. Todos conocemos la imagen que de él se tiene, la que preside el salón de plenos de la Real Academia Española, obra atribuida al pintor Juan de Jáuregui, una imagen que, por cierto, cita el mismo Cervantes en el prólogo de las *Novelas ejemplares*, pero que, casi con seguridad, no se corresponde con la realidad.

Lo que sí se nos proporciona en el mismo prólogo es una descripción minuciosa, realizada por el propio Cervantes, que dará pie a que en futuras ediciones de estas *Novelas ejemplares* algunas de las editoriales más prestigiosas, como la edición que hizo el francés Marc Antoine —aunque se publicara en Holanda, en 1705— y posteriormente y sobre todo, la de lord Carteret sobre el *Quijote*, en cuatro tomos, publicado en 1738, versionando estas palabras, incluyera en sus ediciones un primer retrato de Cervantes, grabado por William Kent a partir de un diseño de George Vertue, y que, a su vez, serviría para que Jacob Folkema hiciera su versión un año después para ilustrar una nueva edición holandesa de estas *Novelas ejemplares*.

Así pues, Cervantes, en un nuevo alarde de genialidad, se «dibuja» ante el mundo con palabras, mostrándose como un hombre sencillo e intranscendente.

«Este que veis aquí, de rostro aguileño, de cabello castaño, frente lisa y desembarazada, de alegres ojos y de nariz corva, aunque bien proporcionada; las barbas de plata, que no ha veinte años que fueron de oro, los bigotes grandes, la boca pequeña, los dientes ni menudos ni crecidos, porque no tiene sino seis, y esos mal acompañados y peor puestos, porque no tienen correspondencia los unos con los otros; el cuerpo entre dos extremos, ni grande ni pequeño, la color viva, antes blanca que morena; algo cargado de espaldas, y no muy ligero de pies; este digo que el rostro del autor de "La Galatea" y de "Don Quijote de la Mancha", y del que hizo el "Viaje del Parnaso", a imitación del de César Caporal Perusino, y otras obras que andan por ahí descarriadas y, quizás, sin el nombre de su dueño. Llámase comúnmente Miguel de Cervantes Saavedra. Fue soldado muchos años, y cinco y medio cautivo, donde aprendió a tener paciencia en las adversidades. Perdió en la batalla naval de Lepanto la mano izquierda de un arcabuzazo, herida que, aunque parece fea, él la tiene por hermosa, por haberla cobrado en la más memorable y alta ocasión que vieron los pasados siglos, ni esperan ver los venideros, militando debajo de las vencedoras banderas del hijo del rayo de la guerra, Carlo Quinto, de felice memoria».

♦ 2 ♦

SOBRE LOS CIMIENTOS QUE SOSTIENEN
ESTA OBRA

Para llegar a estas piezas y darle valor a su producción no resultará muy descabellado escarbar y encontrar rastros y antecedentes en las obras clásicas griegas, en la novela bizantina, en la romana y en la italiana renacentista; en ellas veremos, de esta manera sin duda, muchas continuidades en relación con las temáticas, sus estructuras narrativas, la proyección y trascendencia de los personajes, y todo esto no con la intención de rebajar el grado de originalidad de las *Novelas ejemplares*, sino para colocar a las mismas al nivel de las grandes corrientes de la literatura universal.

Según el propio Cervantes estas novelas son ejemplares «porque si bien lo miras, no hay ninguna de quien no se pueda sacar algún provecho». Cierto es que, a veces, hay que mirar bien para entender esa ejemplaridad. El catedrático y cervantista Antonio Rey Hazas asegura que la ejemplaridad de estas novelas no procede de la intención del autor, sino de la implicación del lector:

«Dado que Cervantes, heredero del humanismo y del erasmismo heredó con ello una elevada concepción de los valores individuales del ser humano, sus creaciones implican al lector en ellas (...) ya que al necesitar su participación activa y autónoma, no solo "dice" sino que también "hace" una defensa auténtica y magnífica de la libertad y de la dignidad humana». *Poética de la libertad y otras claves cervantinas* (Madrid, Eneida, 2005).

Es importante decir aquí también que la crítica ha debatido extensa y continuadamente sobre la temática del realismo y del idealismo que contienen las *Novelas ejemplares*, surgiendo incluso de ellas una nueva división de las mismas distribuyéndolas en tres apartados: las enteramente vividas, las de pura invención, y otra resultante de mezclar ambas formas.

De todas maneras, como prácticamente en toda la obra cervantina, el realismo será elemento principal y punto de partida para la creación de estas novelas, algunas de ellas, como la de *El celoso extremeño* ya publicadas con anterioridad al conjunto de las *Novelas ejemplares*, pero muy cercana al 1613.

El proceso creativo del autor parte en la mayoría de las ocasiones de una realidad vivida o contada a él mismo que va a ser transformada a través de su imaginación. Este es el principio de la Poética de Aristóteles que casi todos los escritores siguen, situando en el terreno de lo verosímil a un completo y extenso compendio de personajes y hechos literarios. Y es por eso, también, que el idealismo cervantino se vincula muy directamente con el realismo precisamente con esa verisimilitud. Por ejemplo, lo disparatadamente grotesco que supone encontrarnos en «La gitanilla» con el joven caballero don Juan de Cárcamo disfrazado de gitano para cumplir con la petición de Preciosa se transforma en verosímil gracias a la caracterización pormenorizada que hace Miguel de Cervantes del ambiente que rodea a los personajes.

También las acciones protagonizadas por las mujeres que salen en las páginas de estas *Novelas ejemplares* convierten en realismo lo que en principio tan solo es idealización, lo que las transforma en referentes, algo así como heroínas al servicio de alguna causa determinada. Muchas de ellas formarán parte del título de la propia novela. Así, Preciosa será la gitanilla; Constanza, la ilustre fregona; Isabela, la española inglesa. En otras obras, Teodosia y Leocadia serán las dos doncellas; Cornelia, la propia señora Cornelia; Leocadia, la fuerza de la sangre; Leonisa, el amante liberal...

Muchos críticos, como Joaquín Casalduero Martí (1974), consideran que los temas centrales de estas novelas no son otros que el amor y el matrimonio. Otros hablan que dichas narraciones se identifican por la lucha que las protagonistas realizan de su honor, algo que en ocasiones hace que ellas aborden el hecho de tomar la iniciativa, hagan que no se conformen con su desgracia, y consigan que el hombre cumpla finalmente con su compromiso de matrimonio como única posibilidad de que puedan ser reconocidas socialmente, rompiendo con lo establecido, que no es otra cosa en esa sociedad que la imposición total y absoluta a la voluntad del hombre y a la privación de la libertad en la mujer.

Por este motivo, hagamos una aproximación de la visión que de la mujer tiene Cervantes, basándonos en tres de las novelas ejemplares más significativas: *La gitanilla*, *La ilustre fregona*, y *La española inglesa*, no sin antes hablar previamente de la relación personal del propio Miguel de

Cervantes con el universo femenino más cercano, es decir, al de su entorno familiar puesto que, sin duda, ellas marcarán la idea definitiva del propio escritor, la que luego plasmará en sus obras.

Sabemos bien que la vivencia personal que más le marcó a don Miguel fue su cautiverio en Argel. De esta experiencia traumática saldrían obras como novela del *Cautivo*, intercalada en el *Quijote* y tres piezas teatrales, *Los baños de Argel, Los tratos de Argel* y *La gran sultana*, además de una profunda tristeza y un enorme desengaño que lo acompañará durante toda su vida. Pero el detalle que relaciona aún más profundamente vida y obra es el enorme respeto que Cervantes muestra hacia la mujer, haciéndola protagonista de muchas de sus obras. Todo esto viene de la admiración que el autor tiene hacia sus hermanas, admiración mutua, hecho que, sin duda alguna, le va a llevar a defender un tipo de mujer estrechamente relacionada con la vida que llevaron ellas.

El Concilio de Trento, de1563, ya se había encargado para la sociedad española —no para otros países, involucrados en una auténtica reforma— de delimitar y estrechar el campo de la mujer, reduciéndolo a dos únicas y solitarias opciones, la del matrimonio o la de la vida religiosa. No había estados intermedios. Fuera de ellos, no. Por eso, que las dos hermanas de Cervantes —despectivamente llamadas por el pueblo como «las cervantas», por la supuesta dependencia que tenían de su hermano, el escritor— fueran solteras durante toda su vida, hacía que la gente tuviera de ellas una pésima opinión. Que no se casaran nunca no fue motivo para que tuvieran relaciones con hombres.

Sabemos que las hermanas de Cervantes, a imitación de su tía abuela, mantuvieron a lo largo de su vida su independencia económica, lo que significa que, al no mantener actividad laboral alguna, cosa impropia de la mujer de esa época, los ingresos provendrían de relacionarse con algunos hombres poderosos, ricos e influyentes. A este respecto, resulta interesante y curioso conocer el libro de Juan Eslava Galán *Misterioso asesinato en casa de Cervantes*, premio Primavera de Novela de 2015, en el que, con humor, pero siempre con enorme agudeza y rigor, narra el asesinato de Gaspar de Ezpeleta a las puertas de la casa de Cervantes. Este es acusado por una vecina de asesinato junto con sus hermanas y conducida toda la familia a prisión. Así hasta que una mujer, precursora del mundo detectivesco inicia su investigación.

La misma vida del autor y, por ende, su obra suponen un auténtico golpe directo a las conciencias de una sociedad mucho más que conservadora. Miguel de Cervantes asume sin dobleces la vida liberal de sus hermanas con total dignidad. En ningún momento les pone trabas a sus actividades, contribuyendo a las mismas al entender que si esa era su voluntad tenía que aceptarla, y respetarla igual que hay que respetar la voluntad de todo hombre y de toda mujer. Con esto plantea a las claras una decidida apuesta por la libertad de las mujeres y por reflejar en sus escritos la idea de que la mujer puede y debe transformarlo todo. Esta actitud tendrá en Cervantes un origen: la educación que su madre, Leonor de Cortinas, inculcó a todos sus hijos. Pero también un refrendo desde su entorno más cercano: el apoyo incondicional, la entrega y la generosidad de sus hermanas Andrea, Luisa y Magdalena (la segunda llegó a ser priora en un convento de Carmelitas), el enorme cariño que Miguel de Cervantes tuvo a su hija Isabel y a su sobrina Constanza, y la tolerancia de su mujer, Catalina de Salazar.

Con todo, el marco por donde se iban a mover estas proyecciones femeninas era terrible. Las ideas transmitidas por fray Luis de León en su obra *La perfecta casada*, publicada por vez primera en 1583, causaron gran impacto en la sociedad española de la época, según las cuales, la mujer era un ser de categoría claramente inferior al hombre, y en todo momento, debe mostrarle sumisión y honestidad, entendiendo, por esto último, que estarán encerradas en casa todo el tiempo posible:

«A la buena mujer le es proprio y bueno
el de continuo estar en su morada,
que el salir fuera della es de las viles».

Al respecto, dice también fray Luis de León, citando a san Pablo:

«¿Qué dice san Pablo a su discípulo Tito que enseñe a las mujeres casadas? "Que sean prudentes, dice, y que sean honestas, y que amen a sus maridos, y que tengan cuidado de sus casas". Adonde, lo que decimos, "que tengan cuidado de sus casas", el original dice así: "Y que sean guardas de su casa". ¿Por qué les dio a las mujeres Dios las fuerzas flacas y los miembros muelles, sino porque las crio, no para ser postas, sino para estar en su rincón asentadas?».

Pero Cervantes, indudablemente imbuido por su experiencia personal y por opiniones como las de Juan Luis Vives y las de Erasmo de Róterdam, rompe la norma. El respeto de nuestro autor, sin duda, hombre avanzado para su tiempo, hacia la mujer se puede apreciar en las palabras y actitudes de algunos de los tipos femeninos creados en su obra, visión particular esta que supone una forma innovadora y atrevida frente a una situación social dominante que apenas consideraba a la mujer.

Según el escritor y ensayista Juan Francisco Peña Martín *la mujer desempeña en esa época un papel casi de esclava. Apenas es tenida en cuenta para tomar ninguna decisión y desde el punto de vista social está totalmente supeditada a la voluntad del hombre.*

Para poder luchar contra la norma establecida, Cervantes se va a servir de un concepto que ayude tanto al hombre como a la mujer, —sobre todo, a esta— a oponerse, a esgrimir, a combatir. Nos referimos a la *libertad*, verdadera herramienta que rompe los artificios, las ideas y las concepciones más enraizadas. Además de las conocidas palabras que Cervantes pone en boca de don Quijote sobre el concepto de *libertad* —«uno de los más preciosos dones que a los hombres dieron los cielos»—, nuestro autor lo hace en la segunda parte del *Quijote* con el morisco Ricote y con la hija de este, Ana Félix, una de las heroínas en defensa de la libertad:

«Pasé a Italia y llegué a Alemania, y allí me pareció que se podía vivir con más libertad, porque sus habitantes no miran en muchas delicadezas: cada uno vive como quiere, porque en la mayor parte della se vive con libertad de conciencia».

Esta libertad de conciencia de la que habla Cervantes a través del morisco Ricote es el verdadero sueño del escritor, henchido del aire nuevo y renovador que le trae la estela del humanismo erasmista. Como bien argumenta el cervantista Antonio Rey, *la locura de don Quijote, no por auténticamente caballeresca menos hondamente enraizada en el humanismo renacentista, dio a Cervantes la libertad que necesitaba para exponer sus ideas sin miedo a la censura, al mismo tiempo que el sustento de su ideología idealizada y crítica.*

Estos aires nuevos sirven y son fundamentales para otro concepto diferente y muchísimo más amplio de la mujer. Entre la realidad de lo cotidiano, lo que ve y siente en su casa, en su propia vivencia personal, y, sobre todo, por sus ganas de justicia y libertad, Miguel de Cervantes se convertirá en el creador de una serie de tipos femeninos que, en cierto modo, simbolicen y se identifiquen con el humanismo. A través de estos personajes, defenderá la virtud, no la nobleza de sangre; proclamará su libertad muy por encima de las ataduras sociales; renunciará al estado de confort que supone el matrimonio para que ellas puedan colocar su propia voluntad en el centro de su actuación vital, y buscará con denuedo la igualdad basada en los principios del naturalismo.

No obstante, también hay que decir que los valores, que con tanto ahínco defiende Cervantes, muestran también otros que el autor arrastra fruto de la época en donde se desenvuelve, unos valores arcaicos que, paradójicamente, algunos de ellos todavía se mantienen en ciertos ámbitos de la sociedad patriarcal quinientos años después. Nos estamos refiriendo a cualidades principales que resaltar en la mujer como la belleza, la prudencia, la sumisión y el silencio.

Sabemos también que para Miguel de Cervantes, y para otras personas tan idealistas como él, mantener sus convicciones no fue tarea fácil en absoluto. Los efectos altamente moralizantes de la Contrarreforma actuaban fuertemente de coraza, a veces impermeable, a las abatidas más liberales. Se tendió a reforzar y fortalecer la institución familiar, se recomendó a los padres que no enseñaran a leer a sus hijas, se permitió el castigo por parte del marido a la esposa, se considera a la sexualidad fuera del matrimonio como motivo de grandes males, y, en definitiva, se adoptó una actitud ferozmente hostil hacia la mujer. Tal era la España del siglo XVII.

El ya citado Juan Francisco Peña nos proporciona una anécdota curiosa, pero altamente significativa, en su ensayo *Cervantes y la libertad de las mujeres*. Nos cuenta lo que la escritora francesa Marie-Catherine Le Jumelle de Barneville, baronesa d'Aulnoy, más conocida como madame d' Aulnoy, narra en el siglo XVII, en su libro *Relación del viaje por España*, exponiendo cómo en esa época, aún en las clases de rangos más elevados, en nuestro país se sentaban a comer:

«La comida estaba sobre la mesa para los caballeros, y sobre el suelo había una alfombra y un mantel extendido con tres cubiertos, para doña Teresa, para mí y para mi hija. Quedé sorprendida por esa moda, porque no estaba acostumbrada a comer de ese modo. Sin embargo, nada dije, y quise probar a hacerlo, pero jamás me he hallado más incómoda. En fin, renuncié a comer, y la señora de la casa no se daba cuenta de ello porque creía que las damas comían en el suelo en Francia como en España».

En este texto, como vemos, se destaca no solo la diferencia de comportamiento social entre hombres y mujeres, sino, sobre todo, la actitud de conformismo de la mujer española que asume su rol con la naturalidad de la costumbre marcada por el hombre.

◆ 3 ◆

LA MUJER QUE SE TRANSLUCE
EN ESTA SELECCIÓN DE NOVELAS

Por todo lo anteriormente expuesto, en las *Novelas ejemplares* Miguel de Cervantes ofrece una singular, diversa y cromática paleta de colores en torno a la figura de la mujer protagonista, que no solo atrae la atención del lector, sino que además interesa, intriga, alegra y los entretiene. La mayoría actúa impulsada por el amor, o están señaladas y afectadas por él y sus consecuencias.

Curiosamente las protagonistas principales suelen ser adolescentes de catorce a dieciocho años, todas bellas y cubiertas de tópicos renacentistas: rubias, con ojos como esmeraldas, muchachas audaces, ingeniosas y astutas, y, al mismo tiempo, guardadoras de su honra, el bien más preciado en la sociedad en que se desenvuelven, bien exigido por las normas imperantes.

En cuatro de estas *Novelas ejemplares* las niñas son raptadas. En «La gitanilla», por ejemplo, lo hace una gitana que la cría en su ambiente. En «La española inglesa», la protagonista es separada de sus padres y conducida a otro país, siendo educada como una noble. Pero a pesar de la fatalidad, casi todas estas historias terminan felizmente.

En este libro, y para nuestra particular selección, incluiremos una aproximación a la relación existente entre «La ilustre fregona», «La española inglesa» y «La gitanilla». Hemos seleccionado, por lo tanto, estas tres novelas por un motivo esencial: todas ellas están unidas por un curioso lazo, por un rasgo violento: el rapto. En ellas, con mayores o menores agravantes, las parejas de protagonistas principales se forman a la sombra de un acto delictivo del que víctimas y agresores no siempre reciben la justicia necesaria.

Veremos en el desarrollo de esta selección de novelas que los personajes protagonistas femeninos son más honestos, recatados y comedidos que los personajes femeninos secundarios, por lo general, mucho más descarados e, incluso, crueles que las protagonistas, personajes que hacen gala de decencia y decoro, acompañados a veces por una ferviente religiosidad. Son mujeres henchidas de dignidad y nobleza de sentimientos. Preciosa y Constanza, protagonistas de «La gitanilla» y de «La ilustre fregona», descubren al final de la obra que son de noble linaje. Entre todas ellas, destaca Preciosa, por su enorme desenfado y gran agudeza.

Veamos, pues, desgranadas, las características más interesantes que se desprenden de estas mujeres.

3.1. Preciosa

De entre todas las figuras femeninas que aparecen en las *Novelas ejemplares,* posiblemente Preciosa sea el personaje a quien el autor demuestra más cariño y con quien más se identifique. Por eso, la defensa que esta hace en esta historia de la libertad es también la idea del propio Cervantes traspasada a su protagonista.

En esa época y siempre, Preciosa es un ser desfavorecido. Mujer y gitana, vislumbra aun con orgullo el lugar que ocupa, los últimos estamentos de la sociedad. Afortunadamente Cervantes eleva su condición destacando con pasión a lo largo del relato todas y cada una de sus virtudes. La gitanilla es una excelente bailadora; cautiva recitando romances y otros poemas; es discreta y extremadamente hermosa; sabe leer y escribir; ha sido educada como si fuera su nieta por una gitana vieja que, como indica Cervantes, *podía ser jubilada en la ciencia de Caco*, argumentando con ello el autor sobre las habilidades, trucos y zalamerías en la que la niña fue adiestrada, contrastando y completando, eso sí, estas habilidades con las mayores virtudes que, según Cervantes, una mujer puede adornarse:

(…) la crianza tosca en que se criaba no descubría en ella sino ser nacida de mayores prendas que de gitana, porque era en extremo cortés y bien razonada. Y con todo esto, era algo desenvuelta, pero no de modo que descubriese algún género de deshonestidad; antes, con ser aguda, era tan honesta, que en su presencia no osaba alguna gitana, vieja ni moza, cantar cantares lascivos, ni decir palabras no buenas.

Puede parecer que Cervantes, en esta novela defienda el espíritu anárquico y liberal del mundo gitano, pero no es cierto. El autor, a través de la gitanilla, rechaza también el trato que este sistema social da a las mujeres. Cuando el patriarca habla de las leyes que el pueblo gitano aplica a la mujer, Preciosa se rebela ante ellas, dejando bien claro cómo para ella la libertad individual está muy por encima de estas leyes:

Dice, entre otras cosas, el patriarca:

—«Te entregamos a esta muchacha, que es la flor y la nata de toda la hermosura de las gitanas que sabemos que viven en España, ya por esposa, ya por amiga que en esto puedes hacer lo que fuere más de tu gusto porque la libre y ancha vida nuestra no está sujeta a delicadezas ni a muchas ceremonias. Mírala bien, y mira si te agrada, o si descubres en ella algo que te descontente, y si lo encuentras, escoge entre las doncellas que aquí hay la que más te agrade, que te la daremos; pero has de saber que una vez escogida, no la has de abandonar por otra, ni te has de empachar ni entremeter, ni con las casadas ni con las doncellas. Nosotros guardamos inviolablemente la ley de la amistad, ninguno solicita la prenda del otro; libres vivimos de la amarga pestilencia de los celos. Entre nosotros, aunque hay muchos incestos, no hay ningún adulterio, y cuando lo hay en la mujer propia, o alguna bellaquería en la amiga, no vamos a la justicia a pedir castigo; nosotros somos los jueces y los verdugos de nuestras esposas o amigas; con la misma facilidad las matamos y las enterramos por las montañas y desiertos como si fueran animales nocivos. No hay pariente que las vengue ni padres que nos pidan su muerte. Con este temor y miedo ellas procuran ser castas, y nosotros, como ya se ha dicho, vivimos seguros. Pocas cosas tenemos que no sean comunes a todos, excepto la mujer o la amiga, que queremos que cada una sea del que le cupo en suerte. Entre nosotros así hace divorcio la vejez como la muerte. El que quisiere puede dejar la mujer vieja, como él sea mozo, y escoger otra que corresponda al gusto de sus años».

Tras la larga exposición del patriarca, Preciosa le contesta —y con él a todos los hombres, sobre todo a su joven enamorado—:

—«Puesto que estos señores legisladores han hallado por sus leyes que soy tuya, y que como tuya me han entregado, yo he hallado por la ley de mi voluntad, que es la más fuerte de todas, que no quiero serlo si no es con las condiciones que antes de vinieras aquí entre acordamos los dos. Dos años debes vivir en nuestra compañía antes de que de la mía disfrutes para que tú no te arrepientas por ligero, ni yo quede engañada por precipitada. Condiciones rompen leyes; las que te he puesto conoces: si las quieres guardar, puede ser que sea tuya y tú seas mío, y si no, todavía no está muerta la mula, tus vestidos están enteros, y de tus dineros no te falta ni un ardite[1]; tu ausencia ha sido solo de un día; que de lo que te falta de él te puedes servir y dar lugar a que decidas lo que más te conviene. Estos señores no pueden entregarte mi alma, que es libre y nació libre, y ha de ser libre en tanto que yo quiera».

Estas palabras de Preciosa definen a la perfección ese concepto de libertad, acuñado y defendido por Cervantes con fuerza y vigor ante todas las adversidades, proclamando con una admiración provocadora esta defensa de la igualdad entre hombres y mujeres.

Preciosa se cría en diversas partes de Castilla y a los quince años de edad su «abuela» la lleva a la Corte. En la ciudad causa una enorme sensación por su hermosura y pulcritud en el vestido. También por sus razonamientos y por su picardía. Mucha gente al verla exclama: *¡Lástima que esta mozuela sea gitana!*

Cuando desde la reja de una casa en Madrid unos caballeros reclaman la presencia de las gitanas para que estas canten y bailen, Cristina, compañera de Preciosa, pone reparos; Preciosa le advierte que las mujeres se han de guardar de un hombre solo y a solas, a lo que Cristina le responde: *"Entremos, Preciosa, que tú sabes más que un sabio"*.

---

[1] Antigua moneda catalana de escaso valor.

En esa casa un poeta les lee unos versos dedicados a ellas y los dos últimos terminan así:

(...) «el que por ti muere y vive,
pobre, aunque humilde amador».

Ante eso, Preciosa argumenta que no es bueno que la palabra *pobre* entre en el último verso:

«(...) Nunca los enamorados han de decir que son pobres, porque a los principios, a mi parecer, la pobreza es muy enemiga del amor».

Preciosa se muestra en todo momento conocedora de la psicología femenina, pese a su edad. Dotada de gran desparpajo y sagacidad, convence con sus palabras a cuantos la escuchan, tanto que un teniente le dice que hará todo lo posible para que en la Corte la conozcan los propios reyes, a lo que ella contrapone:

«Me querrán para truhana y eso no lo sabré ser, y todo se perderá. Si me quisieran para discreta, todavía podrían llevarme; pero en algunos palacios más medran los truhanes que los discretos. Yo me encuentro bien siendo gitana y pobre, y que la suerte corra por donde el cielo quiera».

Un rasgo muy interesante de esta gitanilla es el grado de observación que ejerce sobre la sociedad que la envuelve en cada momento, censurando la poca inteligencia que muestran muchas personas encumbradas, amantes en exclusiva de la diversión y que rechazan el compromiso, la sensatez y la cordura.

Ante todo, Preciosa es una muchacha madura y prudente en el ámbito amoroso. Así le contesta al joven caballero que la pretende:

«Yo, señor caballero, aunque soy gitana pobre y humildemente nacida, tengo un cierto espíritu fantástico aquí dentro que a grandes cosas me lleva. A mí no me mueven promesas, ni me desmoronan dádivas, ni me inclinan sumisiones, ni me espantan finezas enamoradas».

En ese mismo parlamento la gitanilla resalta el valor que para ella —y para el propio Cervantes— significa la defensa de la virginidad como tesoro incalculable:

«Una sola tengo, que la estimo más que la vida, que es mi entereza y virginidad, y no la tengo que vender a precio de promesas ni dádivas (...) Si vos, señor, por esta prenda tan solo venís, no la habéis de llevar sino atada con las ligaduras y lazos del matrimonio (...)».

El noble caballero, por amor a tan bella y sensata muchacha, acepta someterse a una serie de condiciones que Preciosa le impone, sobre todo pasar un tiempo conviviendo con los gitanos en el campamento y cambiar su traje por la ropa propia de los gitanos. Así lo hace. Los gitanos lo aceptan. Saben de su relación con Preciosa, pero respetan que no vivan como pareja. Ella ya se ha encargado de decir:

«(...) y no querría yo que fueses tú para conmigo como el cazador, que en alcanzando la liebre que sigue, la coge y la deja por correr tras la otra que le huye».

Con esta comparación, Preciosa nos dice que ella no quiere ser como la mujer que, una vez conseguida y enamorada, es abandonada por el hombre, ya cansado de ella, buscando a otra.

El joven enamorado, don Diego de Carriazo, cambia también su nombre por el de Andrés Caballero. Pero no solo hará esto por la muchacha: superará sus celos ya que otros muchos hombres la pretenden y la admiran, dedicándole coplas y sonetos…

«Nunca los celos, a los que imagino, dejan el entendimiento libre para que pueda juzgar las cosas como ellas son: siempre miran los celosos con antojos de allende, que hacen las cosas pequeñas, grandes; los enanos, gigantes, y las sospechas, verdades», —dice ante eso Preciosa.

Este joven también defraudará las esperanzas depositadas en él por sus padres; tampoco irá a Flandes para mostrar valor y honor en la milicia.

En definitiva, la entrega del joven caballero por tan bella muchacha es absoluta y radical. Frente a eso, Preciosa va a acrecentar su admiración por él de forma progresiva, conociendo y viviendo la evolución de su amante pretendiente, y siempre, exponiendo y utilizando palabras en forma de viejas sentencias, impregnadas de una impropia facilidad lingüística en boca de una adolescente que, con seguridad, se ha empapado de la sabiduría desarrollada por su vieja y osada abuela, una mujer igualmente astuta e interesada que había robado a Preciosa de la casa de sus padres, recién nacida, y que era también conocedora de remedios y pócimas propias de la medicina popular.

«(...) Tomó algunos pelos de los perros, los frio en aceite, y lavando primero con vino dos mordeduras que tenía en la pierna izquierda, le puso los pelos con el aceite en ellas, y encima un poco de romero verde mascado; se los lio muy bien con paños limpios y se santiguó las heridas».

Con respecto a los otros personajes femeninos de esta novela, destacaremos a Cristina, compañera de Preciosa, una joven que, a las claras, siente celos de la gitanilla; y a Juana Carducha, hija de la viuda del mesón de la provincia de Murcia, muchacha de diecisiete años, que se enamora perdidamente de Andrés Caballero al verlo bailar, y que se las ingenia para abordarlo a solas en un corral, pidiéndole que se case con ella, al ser soltera y rica, y ofreciéndole con ello una buena posición. Andrés le responde que ya está comprometido y le agradece, no obstante, el ofrecimiento. Dice Cervantes:

«(...) Andrés, como discreto, determinó poner tierra de por medio y desviarse de aquella ocasión que el diablo le ofrecía: que bien leyó en los ojos de la Carducha que sin los lazos matrimoniales se le entregara a toda su voluntad, y no quiso verse pie a pie y solo en aquella estacada (...)».

Juana, herida en su orgullo y altamente despechada, como venganza, le tiende una trampa que, curiosamente, acelera el feliz desenlace de la obra.

3.2. Constanza

Toledo es el marco en donde transcurre la acción de «La ilustre fregona». Constanza, la protagonista, vive en la posada del Sevillano. Tiene fama de ser áspera como una ortiga y dura como el mármol, pero, al mismo tiempo, es poseedora de una enorme belleza. Así es como la retrata Cervantes:

«No puso Avendaño los ojos en el vestido y traje de la moza, sino en su rostro, que le parecía ver en él los que suelen pintar los ángeles. Quedo suspenso y atónito de su hermosura, y no acertó a preguntarle nada, tal era su suspensión y embelesamiento».

En este párrafo anterior se narra cómo Avendaño, el protagonista masculino, queda literalmente rendido ante la belleza de Constanza en el primer encuentro que sostienen en la posada en la que junto a su compañero se acaban de instalar. La propia Constanza le pregunta qué busca allí, en la posada, y si es criado de alguno de los huéspedes alojados en la casa. Él le responde: «No soy criado de nadie sino vuestro», intentando con sus palabras hacerle partícipe de sus intenciones y deseos. Pero Constanza, fría y distante, como hemos dicho, corta de raíz la conversación y contesta al joven que aquellas que se dedican a servir no necesitan tener criados.

Avendaño recibe contrariado las palabras. Pero una vez instalado en la posada escucha comentarios sobre ella: que Constanza es una mujer muy honesta, que jamás cometió un desliz y que la pretende, nada menos, que el hijo del corregidor.

También sabe que es una joven muy religiosa.

«Cuando salió de la sala se persignó y santiguó, y con mucha devoción y sosiego hizo una profunda reverencia a una imagen de Nuestra Señora que estaba colgada en una de las paredes del patio; y alzando los ojos, vio a los dos que estaban mirándola, y apenas los hubo visto, se retiró y volvió a entrar en la sala, desde la cual dio voces a Argüello para que se levantase».

El dueño de la posada del Sevillano también nos ayuda a enumerar otras virtudes de Constanza: es muy devota de la Virgen, confiesa y comulga cada mes. Sabe escribir y leer; hace bolillos y cose; canta como los ángeles y en ser honesta, no hay quien la iguale.

Como personajes femeninos secundarios encontramos a la mujer del posadero, mujer sensata que ha sabido educar muy bien a Constanza. En el momento en que su marido encuentra unos versos, dirigidos a la joven, en el libro que Avendaño tiene para anotar el tránsito de cebada que en la casa se dispensa, el posadero pretende despedir al mozo de la posada, pero ella, apiadada, cree que este hecho sería un error al ser una cosa muy liviana, y que, además, el mozo es eficiente y sirve bien a la casa.

Igualmente, encontramos a otras mujeres, como la Argüello y la Gallega, descaradas, malhabladas e insensatas, que persiguen a los hombres para conquistarlos, halagarlos y ganarlos con regalos, actitudes las suyas muy contrarias a la de la protagonista que en todo momento se muestra recatada, justa y honesta.

Al final de la historia nos enteramos del verdadero origen de Constanza, muy distinto al que conocemos, un destino ya en cierta forma intuido por los posaderos; de ahí su trato, su cariño y deferencia hacia ella en todo momento, siendo tratada como si fuera una hija.

El amor imposible cambia, pues, de dirección y se hace posible. Constanza se une a Avendaño, el mozo de la cebada, como veremos, también de origen noble.

3.3. Isabela

Isabel o Isabela, niña raptada por Clotaldo, capitán de la escuadra inglesa que ha atacado la ciudad española de Cádiz, es conducida a la casa que el capitán tiene en Londres. Allí la pequeña española es educada en la nobleza por la familia, encargándose de esto sobre todo Catalina, noble y piadosa cristiana, que la encamina y prepara para que Isabela pueda desenvolverse en la Corte de Isabel I, monarca inglesa. Catalina no descuida para la pequeña un solo detalle, sin olvidar traer a su hogar cuantos españoles fuera posible para que hablasen con ella a fin de que la niña no olvidase nunca su lengua materna.

Sobre Isabela y sus virtudes e inclinaciones, nos cuenta el propio Cervantes:

«Después de haberle enseñado todas las cosas de labor que puede y debe saber una doncella bien nacida, la enseñaron a leer y escribir más que medianamente; pero en lo que tuvo extremo fue en tañer todos los instrumentos que a una mujer son lícitos, y esto con toda la perfección de música, acompañándola con una voz que le dio el Cielo tan extremada, que encantaba cuando cantaba».

Enseguida nos habla el autor de esta historia del hijo que el matrimonio tenía, llamado Ricaredo, muchacho enamorado de forma tan fervorosa de Isabela, que enferma misteriosamente por esta causa. Los médicos no encuentran ni las causas ni la solución a sus extrañas dolencias.

Un día, estando los dos solos, Ricaredo declara su amor a Isabela y le propone matrimonio, sin que sus padres lo sepan.

«En tanto que esto dijo Ricaredo, estuvo escuchándole Isabela, los ojos bajos, mostrando en aquel punto que su honestidad se igualaba con su hermosura, y a su mucha discreción su recato».

Isabela le responde, prudente e inteligente, que se someterá a la voluntad de sus padres y que si ellos acceden, ella también.

De esta forma, con este reconocimiento, comienza a sanar el joven, que, muy pronto, se lo confiesa a su madre, y esta, convence al padre. La edad de Isabel en esos momentos es de catorce años, siendo veinte los años de Ricaredo.

Un inconveniente se cierne entonces sobre este matrimonio: Ricaredo pertenece a la nobleza y debe solicitar el consentimiento de la reina. Así lo hacen y la monarca pide que la lleven ante su presencia.

Isabela, como futura esposa del joven noble Ricaredo, se muestra ante la reina inglesa majestuosamente vestida, adornada ricamente con un collar de perlas, y con un abanico al modo de las damas españolas de la época; se expresa en todo momento educada y humilde, cortés y afectuosa, henchida de respeto hacia la soberana, hablándole en un perfecto inglés...

«Dé Vuestra Majestad las manos a esta su sierva, que desde hoy más se tendrá por señora, pues ha sido tan venturosa que ha llegado a ver vuestra grandeza».

La reina queda encantada con Isabela desde el primer momento. Le sorprende su belleza y su gracia, y dado que la soberana entiende el español, le pide a la joven que le hable en ese idioma tan sonoro y hermoso.

La reina censura enseguida a Clotaldo por el agravio que le ha hecho al no notificarle antes la existencia de Isabela. Finalmente, ordena que la muchacha se quede en la Corte para su servicio hasta que Ricaredo la merezca. Al mismo tiempo, nombra a este capitán de un barco, encomendándole una misión. El noble inglés marcha a la misma y vuelve victorioso, llevando a la Corte londinense a los verdaderos padres de Isabela, encontrados por azar de forma inesperada, llenando de felicidad a la propia Isabela y a la reina al verla satisfecha. Todo anuncia un futuro venturoso para la pareja que fijan el día de su boda.

La situación se complica no obstante al regreso de Ricaredo, pues el hijo de la camarera mayor de la reina, el conde Arnesto, se enamora perdidamente de Isabela. Ella, enamorada de Ricaredo desde niña, no le corresponde. La camarera mayor, persona que siempre ha tenido gran influencia en la propia soberana, consigue de la misma un aplazamiento de la boda. El conde llega incluso a desafiar a su rival, Ricaredo, y la reina da orden de prenderlo. Pero la camarera mayor tiene un as en la manga. Sabe que Isabela y su familia inglesa son católicos y que profesan esta religión frente a la oficial anglicana. Aconseja a la monarca que devuelva a España a Isabela por ser católica, pero la reina le responde que precisamente por eso, la estima mucho más. Entonces, la malvada camarera intenta matarla, dándole un veneno. No lo consigue, pero la bella Isabela queda desfigurada y sin cabello.

De esta forma, Isabela y sus verdaderos padres regresan a España, concretamente a Sevilla, en donde la joven queda enclaustrada por decisión propia. Ricaredo, que ha rehusado casarse con una noble escocesa, poniendo la excusa a su familia de que parte hacia Roma, busca a Isabela en Sevilla. Mientras, la joven, ha recobrado su hermosura:

«(…) procuraba vivir de manera que cuando Ricaredo llegase a Sevilla antes le diese en los oídos la fama de sus virtudes que el conocimiento de su casa. Pocas o ninguna vez salía de su casa sino para ir al monasterio; no ganaba otros jubileos que los que en el monasterio se ganaban (…) Jamás visitó el río, ni pasó a Triana, ni vio el común regocijo en el campo de Tablada y puerta de Jerez el día, si le hace claro, de San Sebastián».

La perseverancia y la fidelidad en la espera de Isabela tiene finalmente recompensa. Un día le llega una carta de los padres de Ricaredo dándole la triste noticia de que el conde Arnesto le ha dado muerte. Isabela desea entonces hacerse religiosa, pero sus padres le aconsejan que no la haga efectiva hasta que no transcurran dos años. Pasado este periodo de tiempo, vestida con los mismos elementos que tiempo atrás se presentara ante la reina de Inglaterra, Isabela está a punto de entrar en el convento, pero Ricaredo, que ha sido previamente capturado por los turcos, y vestido con hábito de redimido, hace acto de presencia, dando un giro completo y feliz a la historia.

◆ 4 ◆

LA GITANILLA

Parece que los gitanos y gitanas solamente nacieron para ser ladrones: nacen de padres ladrones, se crían con ladrones, estudian para ladrones y, finalmente, se convierten en ladrones corrientes y molientes en toda situación, y la gana del hurtar y el hurtar son en ellos como accidentes inseparables, que no se quitan sino con la muerte. Una de ellas, gitana vieja, que podía ser jubilada en la ciencia de Caco[2], crio a una muchacha como si fuera nieta suya, poniéndole el nombre de Preciosa, y a la que enseñó todas sus gitanerías, y formas de engatusar, y trazas de hurtar. Salió Preciosa como la mejor bailadora que había en todo el gitanismo, y la más hermosa y discreta que pudiera encontrarse, no entre los gitanos, sino entre cuantas hermosas y discretas mujeres pudiera pregonar la fama. Ni los soles, ni los aires, ni todas las inclemencias del cielo, a quien más que otras gentes están sujetos los gitanos, pudieron deslucir su rostro ni curtir sus manos; y lo que es más, que el ambiente tosco en el que se criaba no descubría en ella sino haber nacido de mejores ambientes que de gitana, porque era en extremo cortés y razonable.

---

[2] De *Kakós*, término griego que significa 'malo' o 'malvado'.

Y con todo esto, era algo desenvuelta, pero no de modo que descubriese algún genero de deshonestidad; antes, con ser aguada, era tan honesta que en su presencia no osaba ninguna gitana, vieja o moza, cantar cantares lascivos ni decir palabras feas. Y finalmente, la abuela conoció el tesoro que en la nieta tenía, y así, determinó el águila vieja sacar a volar a su aguilucho y enseñarle a vivir defendida por sus uñas.

Salió Preciosa rica en villancicos, coplas, seguidillas y zarabandas y en otros versos, especialmente romances, que los cantaba con especial gracia. Porque su astuta abuela vio que tales juguetes y gracias, en pocos años, dada la gran hermosura de su nieta, tendría que ser muy felices atractivos e incentivos para acrecentar su caudal; y así, los buscó por todas las vías que pudo, y no faltó poeta que se los diera, que también hay poetas que se acomodan a los gitanos, y les venden sus obras, como hay ciegos, que fingen milagros y van buscando la ganancia. De todo hay en el mundo, y esto del hambre tal vez hace sacar el ingenio a cosas que no están en el mapa.

Se crio Preciosa en diversas partes de Castilla, y a los quince años de edad su abuela putativa la devolvió a la Corte y a su antiguo rancho, que es adonde ordinariamente lo tienen los gitanos, en los campos de Santa Bárbara, pensando vender su mercadería en la Corte, lugar en donde todo se compra y se vende. Y la primera entrada que hizo Preciosa en Madrid fue un día de santa Ana, patrona y abogada de la villa, con una danza en la que iban ocho gitanas, cuatro ancianas y cuatro muchachas, y un gitano, gran bailarín, que las guiaba; y aunque todas iban limpias y bien aderezadas, el aseo de Preciosa era tal, que poco a poco fue enamorando los ojos de cuantos la miraban.

De entre el sonido del tamborín y de las castañuelas salió
un rumor que encarecía la belleza y donaire de la gitanilla, y hacía correr a los muchachos para verla y los hombres para admirarla. Pero cuando la oyeron cantar, al ser
la danza cantada, ¡allí sí que creció la fama de la gitanilla! Todos reconocieron la suya como la mejor; y cuando llegaron a hacerla en la iglesia de Santa María, delante
de la imagen de santa Ana, después de haber bailado las
demás, tomó Preciosa unas sonajas, al son de las cuales,
dando en redondo largas y ligerísimas vueltas, cantó un
romance:

Árbol preciosísimo
que tardó en dar fruto
años que pudieron
cubrirle de luto,
y hacer los deseos
del consorte puros,
contra su esperanza
no muy bien seguros;
de cuyo tardarse
nació aquel disgusto
que lanzó del templo
al varón más justo;
santa tierra estéril,
que al cabo produjo
toda la abundancia
que sustenta el mundo;
casa de moneda,
do se forjó el cuño
que dio a Dios la forma
que como hombre tuvo;
madre de una hija

en quien quiso y pudo
mostrar Dios grandezas
sobre humano curso.
Por vos y por ella
sois, Ana, el refugio
do van por remedio
nuestros infortunios.
En cierta manera,
tenéis, no lo dudo,
sobre el Nieto, imperio
piadoso y justo.
A ser comunera
del alcázar sumo,
fueran mil parientes
con vos de consuno.
¡Qué hija, y qué nieto,
y qué yerno! Al punto,
a ser causa justa,
cantárades triunfos.
Pero vos, humilde,
fuistes el estudio
donde vuestra Hija
hizo humildes cursos;
y agora a su lado,
a Dios el más junto,
gozáis de la alteza
que apenas barrunto.

El cantar de Preciosa admiró a cuantos la escuchaban. Unos decían: «¡Dios te bendiga, muchacha!». Otros: «¡Lástima que esta moza sea gitana! Merecía ser hija de un gran señor». Había otros más groseros, que decían: «¡Dejen crecer a la muchacha, que ella hará de las suyas! ¡Seguro que se va anudando a ella una gentil red que le sirva para pescar corazones!». Otro más humano y más basto, viéndola moverse tan ligera en el baile, le dijo: «¡A ello, hija, a ello! ¡Deja de hablar de amores y ponte a bailar», y ella respondió, sin dejar el baile: «¡Y lo hago, no dejo de hacerlo!».

Se acabaron las vísperas, y la fiesta de Santa Ana, y quedó Preciosa algo cansada; pero muy celebrada como hermosa, aguda, discreta, y bailadora, pues a corrillos se hablaba de ella en toda la Corte. A los quince días volvió a Madrid con otras tres muchachas, con sonajas y un baile nuevo, todas apercibidas de romances y de canciones alegres pero honestas; que no consentía Preciosa que las que fuesen en su compañía cantasen cantares deshonestos ni ella los cantó jamás y muchos se fijaron en eso. Nunca se apartaba de ella la gitana vieja, temerosa de que la despabilasen y traspusiesen; la llamaba nieta, y ella la tenía por abuela. Se pusieron a bailar a la sombra en la calle de Toledo, y con los que las venían siguiendo se formó un gran corro; y mientras bailaban, la vieja pedía limosna a los presentes, y llovían monedas de ochavos y cuartos como piedras en el tablado; que también la hermosura tiene la fuerza de despertar la caridad dormida.

Acabado el baile, dijo Preciosa:

—Si me dan cuatro cuartos, les cantaré yo sola un romance lindísimo, que trata de cuando la reina nuestra señora Margarita salió a misa de parida[3] en Valladolid y fue a San Llorente: les digo que es famoso, y está compuesto por un poeta de los mejores.

---

[3] La misa de parida era la primera misa después del parto, también llamada «misa de purificación». Se refiere en este caso a la reina Margarita de Austria, única mujer de Felipe II.

Apenas hubo dicho esto, cuando casi todos los que estaban en el corro dijeron a voces:

—Cántalo, Preciosa, y aquí tienes mis cuatro cuartos.

Y así granizaron sobre ella cuartos, que a la vieja no les daba las manos para recogerlos. Hecho, pues, su agosto, y su vendimia, repicó Preciosa sus sonajas, y en el tono de la seguidilla y un tanto alocado cantó el romance.

> Salió a misa de parida
> la mayor reina de Europa,
> en el valor y en el nombre
> rica y admirable joya.
> Como los ojos se lleva,
> se lleva las almas todas
> de cuantos miran y admiran
> su devoción y su pompa.
> Y, para mostrar que es parte
> del cielo en la tierra toda,
> a un lado lleva el sol de Austria,
> al otro, la tierna Aurora.
> A sus espaldas le sigue
> un Lucero que a deshora
> salió, la noche del día
> que el cielo y la tierra lloran.
> Y si en el cielo hay estrellas
> que lucientes carros forman,
> en otros carros su cielo
> vivas estrellas adornan.
> Aquí el anciano Saturno
> la barba pule y remoza,
> y, aunque es tardo, va ligero;
> que el placer cura la gota.

El dios parlero va en lenguas
Lisonjeras y amorosas,
y Cupido en cifras varias,
que rubíes y perlas bordan.
Allí va el furioso Marte
en la persona curiosa
de más de un gallardo joven,
que de su sombra se asombra.
Junto a la casa del Sol
va Júpiter; que no hay cosa
difícil a la privanza
fundada en prudentes obras.
Va la Luna en las mejillas
de una y otra humana diosa;
Venus casta, en la belleza
de las que este cielo forman.
Pequeñuelos Ganimedes
cruzan, van, vuelven y tornan
por el cinto tachonado
de esta esfera milagrosa.
Y, para que todo admire
y todo asombre, no hay cosa
que de liberal no pase
hasta el estremo de pródiga.
Milán con sus ricas telas
allí va en vista curiosa;
las Indias con sus diamantes,
y Arabia con sus aromas.
Con los mal intencionados
va la envidia mordedora,
y la bondad en los pechos
de la lealtad española.

La alegría universal,
huyendo de la congoja,
calles y plazas discurre,
descompuesta y casi loca.
A mil mudas bendiciones
abre el silencio la boca,
y repiten los muchachos
lo que los hombres entonan.
Cuál dice: «Fecunda vid,
crece, sube, abraza y toca
el olmo felice tuyo
que mil siglos te hagan sombra
para gloria de ti misma,
para bien de España y honra,
para arrimo de la Iglesia,
para asombro de Mahoma».
Otra lengua clama y dice:
   «Vivas, ¡oh blanca paloma!,
que nos has de dar por crías
águilas de dos coronas,
para ahuyentar de los aires
las de rapiña furiosas;
para cubrir con sus alas
a las virtudes medrosas».
Otra, más discreta y grave,
más aguda y más curiosa
dice, vertiendo alegría
por los ojos y la boca:
«Esta perla que nos diste,
nácar de Austria, única y sola,
¡qué de máquinas que rompe!,
¡qué [de] disignios que corta!,

¡qué de esperanzas que infunde!,
¡qué de deseos mal logra!,
¡qué de temores aumenta!,
¡qué de preñados aborta!».
En esto, se llegó al templo
del Fénix santo que en Roma
fue abrasado, y quedó vivo
en la fama y en la gloria.
A la imagen de la vida,
a la del cielo Señora,
a la que por ser humilde
las estrellas pisan agora,
a la Madre y Virgen junto,
a la Hija y a la Esposa
de Dios, hincada de hinojos,
Margarita así razona:

   «Lo que me has dado te doy,
mano siempre dadivosa;
que a do falta el favor tuyo,
siempre la miseria sobra.
Las primicias de mis frutos
te ofrezco, Virgen hermosa:
tales cuales son las mira,
recibe, ampara y mejora.
A su padre te encomiendo,
que, humano Atlante, se encorva
al peso de tantos reinos
y de climas tan remotas.
Sé que el corazón del Rey
en las manos de Dios mora,
y sé que puedes con Dios
cuanto quieres piadosa».

Acabada esta oración,
otra semejante entonan,
himnos y voces que muestran
que está en el suelo la Gloria.
Acabados los oficios
con reales ceremonias,
volvió a su punto este cielo
y esfera maravillosa.

Apenas lo acabó cuando del auditorio que la escuchaba, de entre muchas se formó una voz sola, que dijo:

—¡Vuelve a cantar, Preciosica; que no te faltarán cuartos como tierra![4].

Más de doscientas personas estaban mirando el baile y escuchando el canto de las gitanas, y en esto pasó por allí uno de los tenientes de la villa, y viendo tanta gente junta, preguntó qué era eso, y le fue respondido que estaban escuchando a una gitanilla muy hermosa, que cantaba. Llegó el teniente de la villa[5], que era muy curioso, y escuchó un rato, y por no ir contra su gravedad, no escuchó el romance hasta el final; y habiéndole parecido muy bien la actuación de la gitanilla, mandó a un paje suyo para que dijese a la gitana vieja que al anochecer fuese a su casa con las gitanillas; que quería que las escuchara doña Clara, su mujer. Así lo hizo el paje, y la vieja dijo que sí iría.

Acabaron el baile y el canto y cambiaron de lugar, y en esto llegó un paje muy bien trajeado a donde estaba Preciosa, y, dándole un papel doblado, le dijo:

---

[4] En gran cantidad.

[5] Sustituto de un cargo, en este caso, del alcalde.

—Canta el romance que hay aquí, porque es muy bueno; yo te daré otros de cuando en cuando, para que cobres fama de ser la mejor romancera del mundo.

—Lo aprenderé de muy buena gana —respondió Preciosa—; y espero, señor, que no me deje de dar esos romances que dice, con la condición de que sean honestos; y si quiere que se los pague, acordémoslo por docenas, y docena cantada y docena pagada; porque pensar en que se lo pague por adelantado es pensar lo imposible.

—Solo con que me pagues el papel estaré contento —dijo el paje—; y todavía más: si el romance no sale bueno y honesto, no entra en la cuenta.

—En la mía estará que yo los escoja —respondió Preciosa.

Y con esto, se fueron la calle adelante, y desde una reja llamaron unos caballeros a las gitanas. Se asomó Preciosa a la reja, que era baja, y vio en una sala muy bien adornada y fresca a muchos caballeros que, paseando o jugando a diversos juegos, se entretenían.

—¿Me quieren dar barato[6], «ceñores»? —dijo Preciosa, que, como gitana, hablaba ceceando, y esto es artificio en ellas; que no naturaleza.

A la voz de Preciosa, y a su rostro, dejaron los que jugaban el juego, y el paseo los paseantes, y los unos y los otros acudieron a la reja para verla, pues ya tenían noticia de ella, y dijeron:

---

[6] Dar barato es sinónimo de dar propina. El barato era la propina que se daba en el juego a los mirones. A eso se refiere Preciosa. También venía a significar «cosa de poco precio», doble sentido, pues, con el que juega Preciosa en su respuesta.

—Entren, entren las gitanillas; que aquí les daremos barato[7].

—Caro sería —respondió Preciosa— si nos «pellizcacen».

—No, palabra de caballeros —respondió uno—; bien puedes entrar, niña, segura que nadie tocará ni la vira[8] de tu zapato; no, por el hábito que llevo en el pecho.

Y se puso la mano sobre una cruz de Calatrava.

—Si tú quieres entrar, Preciosa —dijo una de las tres gitanillas que iban con ella—, entra; que yo no pienso entrar donde hay tantos hombres.

—Mira, Cristina —respondió Preciosa—: debes guardarte de un hombre solo y a solas, y no de tantos juntos; porque siendo muchos nos quita el miedo y el recelo de ser ofendidas. Advierte, Cristinica, que la mujer que quiere ser honrada, entre un ejército de soldados lo puede ser. Verdad es que es bueno huir de las ocasiones; pero sobre todo de las secretas, y no de las públicas.

—Entremos, Preciosa —dijo Cristina—; que sabes más que un sabio.

Las animó la gitana vieja, y entraron; y apenas hubo entrado Preciosa, cuando el caballero del hábito vio un papel que traía en el pecho, y llegando a ella lo tomó, y dijo Preciosa:

—¡No me le coja señor; que es un romance que me acaban de dar ahora, que aún no le he leído!

—Y ¿sabes tú leer, hija? — dijo uno.

---

[7] Sin interés alguno.

[8] Badana que se cose entre la suela y la pala del zapato para reforzarlo.

—Y escribir—respondió la vieja—; que a mi nieta la he criado yo como si fuera hija de un letrado.

Abrió el caballero el papel, y vio que venía dentro un escudo de oro, y dijo:

—En verdad, Preciosa, que trae esta carta el porte dentro: toma este escudo que en el romance viene.

—¡Basta! —dijo Preciosa—, que me ha tratado de pobre el poeta. Pues es cierto que es más milagro darme a mí un poeta un escudo que yo recibirlo: si con esta añadidura tienen que venir sus romances, que copie todo el Romancero general[9], y que me los envíe uno a uno; que yo les tentaré el pulso, y si vinieran duros, seré yo blanda en recibirlos.

Admirados se quedaron los que oían a la gitanilla, tanto por su discreción como por la gracia con la que hablaba.

—Lea, señor— dijo ella—, y lea alto; veremos si es tan discreto ese poeta como es generoso.

Y el caballero leyó así:

Gitanica, que de hermosa
te pueden dar parabienes:
por lo que de piedra tienes
te llama el mundo Preciosa.
Desta verdad me asegura
esto, como en ti verás;
que no se apartan jamás
la esquiveza y la hermosura.
Si como en valor subido

---

9 Se trata de la más importante colección de romances, viejos y nuevos, de aquella época, editados en Madrid en 1600, por Luis Sánchez.

vas creciendo en arrogancia,
no le arriendo la ganancia
a la edad en que has nacido;
que un basilisco se cría
en ti, que mate mirando,
y un imperio que, aunque blando,
nos parezca tiranía.
Entre pobres y aduares,
¿cómo nació tal belleza?
O ¿cómo crio tal pieza
el humilde Manzanares?
Por esto será famoso
al par del Tajo dorado
y por Preciosa preciado
más que el Ganges caudaloso.
Dices la buenaventura,
y das la mala contino;
que no van por un camino
tu intención y tu hermosura.
Porque en el peligro fuerte
de mirarte o contemplarte
tu intención va a desculparte,
y tu hermosura a dar muerte.
Dicen que son hechiceras
todas las de tu nación,
pero tus hechizos son
de más fuerzas y más veras;
pues por llevar los despojos
de todos cuantos te ven,
haces, ¡oh niña!, que estén
tus hechizos en tus ojos.
En sus fuerzas te adelantas,

pues bailando nos admiras,
y nos matas si nos miras,
y nos encantas si cantas.
De cien mil modos hechizas:
hables, calles, cantes, mires;
o te acerques, o retires,
el fuego de amor atizas.
Sobre el más esento pecho
tienes mando y señorío,
de lo que es testigo el mío,
de tu imperio satisfecho.
Preciosa joya de amor,
esto humildemente escribe
el que por ti muere y vive,
pobre, aunque humilde amador.

—En «pobre» acaba el último verso —dijo en este punto Preciosa—: ¡mala señal! Nunca los enamorados deben decir que son pobres, porque a mi parecer, la pobreza es muy enemiga del amor.

—¿Quién te enseña eso, rapaza? —preguntó alguien.

—¿Quién me lo va a enseñar? —respondió Preciosa—. ¿No tengo yo el alma en mi cuerpo? ¿No tengo ya quince años? Y no soy manca, ni coja, ni estoy mal de la cabeza. Los ingenios de las gitanas van por otro norte distinto al de las demás gentes: siempre se adelantan a sus años; no hay gitano necio, ni gitana torpe; que, como para ganarse la vida tienen que ser agudos, astutos y embusteros, despabilan el ingenio a cada momento, y no dejan que críe moho de ninguna manera. ¿Ven estas muchachas, mis compañeras, que están callando y parecen bobas? Pues métanle el dedo en la boca y tóquenles las cuerdas, y verán lo que verán. No hay muchacha de doce que no sepa lo que sabe una de veinticinco, porque tienen por maestros y preceptores al diablo y al uso, que les enseña en una hora lo que habían de aprender en un año.

Con lo que la gitanilla decía tenía sorprendidos a los oyentes, y los que jugaban le dieron monedas, y también los que no jugaban. Recogió la vieja en la hucha treinta reales, y más rica y contenta que una Pascua de Flores, recogió a sus corderas y se fue a la casa del teniente, quedando en que otro día volvería con su manada a contentar a aquellos señores tan generosos.

Ya estaba avisada doña Clara, mujer del teniente, de que iban a ir a su casa las gitanillas, y las estaban esperando como el agua de mayo, ella, sus doncellas, y sus amas de llaves, además de las de otra vecina suya; todas se reunieron para ver a Preciosa; y apenas hubieron entrado las gitanas, cuando entre todas resplandeció Preciosa como la luz de una antorcha entre otras luces menores; y así, corrieron todas hacia ella: unas la abrazaban, otras la miraban, otras la bendecían, aquellas la alababan. Doña Clara decía:

—¡Este sí que se puede decir cabello de oro! ¡Estos sí que son ojos de esmeraldas!

Su vecina la desmenuzaba toda, y hacía pepitoria con todos sus miembros y coyunturas. Y llegando a alabar un pequeño hoyo que Preciosa tenía en la barba, dijo:

—¡Ay, qué hoyo! En este hoyo tropezarán los ojos que lo miren.

Escuchó esto un escudero que iba del brazo de doña Clara, de larga barba y largos años, y dijo:

—¿Eso llama vuestra merced hoyo? Pues, o sé poco de hoyos o eso no es un hoyo sino sepultura de deseos vivos. ¡Por Dios! ¡qué linda es la gitanilla!, ni hecha de plata o de alcorza[10] podría ser mejor! ¿Sabes decir la buenaventura, niña?

—De tres o cuatro maneras —respondió Preciosa.

—Pues por vida del teniente —dijo doña Clara— me la tienes que decir, niña de oro, de plata, de perlas, de carbón, y del cielo, que es lo máximo que puedo decir.

—Dele, dele la palma de la mano a la niña, y con que haga la cruz —dijo la vieja—, ya verán qué de cosas les dice; que sabe más que un doctor de medicina.

Echó mano a la bolsa la señora, y vio que no tenía blanca. Pidió un cuarto a sus criadas, y ninguna tenía, ni la vecina tampoco. Ante lo cual Preciosa dijo:

—Todas las cruces, en cuanto cruces, son buenas; pero las de plata o las de oro son mejores; y al señalar la cruz en la palma de la mano con moneda de cobre se menoscaba la buenaventura, por lo menos, la mía; por eso tengo costumbre de hacer la primera cruz con algún escudo de oro, o con algún real de a ocho, o, por lo menos, de a cuatro, que soy como los sacristanes: que cuando hay buena ofrenda, se alegran mucho.

—¡Qué gracia tienes, niña! —dijo la vecina. Y volviéndose al escudero, le dijo:

—Señor Contreras, ¿tenéis a mano algún real de a cuatro? Démelo, que cuando venga mi marido, el doctor, se lo devuelvo.

---

[10] Pasta blanca de azúcar y almidón con la que se pueden hacer figuras o piezas dulces.

—Sí que lo tengo —respondió Contreras—; pero lo tengo empeñado en veintidós maravedíes, cuando cené anoche; dénmelos; que yo iré por él volando.

—No tenemos entre todas un cuarto —dijo doña Clara—, ¿y pedís veintidós maravedíes? Andad, Contreras, que siempre fuiste un impertinente.

Una doncella de las presentes, viendo la escasez de la casa, dijo a Preciosa:

—Niña, ¿servirá que se haga la cruz con un dedal de plata?

—Muy bien —respondió Preciosa—se hacen las mejores cruces del mundo con dedales de plata, si son muchos.

—Uno tengo —replicó la doncella—; si basta con él, aquí lo tienes, a con condición de que también a mí me digas la buenaventura.

—¿Por un dedal tantas buenasventuras? —dijo la gitana vieja—. Nieta, acaba pronto; que se hace de noche.

Tomó Preciosa el dedal y la mano de la señora y le dijo:

> Hermosita, hermosita,
> la de las manos de plata,
> más te quiere tu marido
> que el Rey de las Alpujarras.
> Eres paloma sin hiel,
> pero a veces eres brava
> como leona de Orán,
> o como tigre de Ocaña.
> Pero en un tras, en un tris,
> el enojo se te pasa,
> y quedas como alfinique,
> o como cordera mansa.

Riñes mucho y comes poco:
algo celosita andas;
que es juguetón el teniente,
y quiere arrimar la vara.
Cuando doncella, te quiso
uno de una buena cara;
que mal hayan los terceros,
que los gustos desbaratan.
Si a dicha tú fueras monja,
hoy tu convento mandaras,
porque tienes de abadesa
más de cuatrocientas rayas.
No te lo quiero decir...;
pero poco importa, vaya:
enviudarás, y otra vez,
y otras dos, serás casada.
No llores, señora mía;
que no siempre las gitanas
decimos el Evangelio;
no llores, señora, acaba.
Como te mueras primero
que el señor teniente, basta
para remediar el daño
de la viudez que amenaza.
Has de heredar, y muy presto,
hacienda en mucha abundancia;
tendrás un hijo canónigo,
la iglesia no se señala;
de Toledo no es posible.
Una hija rubia y blanca
tendrás, que si es religiosa,
también vendrá a ser perlada.

Si tu esposo no se muere
dentro de cuatro semanas,
verasle corregidor
de Burgos o Salamanca.
Un lunar tienes, ¡qué lindo!
¡Ay Jesús, qué luna clara!
¡Qué sol, que allá en los antípodas
escuros valles aclara!
Más de dos ciegos por verle
dieran más de cuatro blancas.
¡Agora sí es la risica!
¡Ay, que bien haya esa gracia!
Guárdate de las caídas,
principalmente de espaldas,
que suelen ser peligrosas
en las principales damas.
Cosas hay más que decirte;
si para el viernes me aguardas,
las oirás, que son de gusto,
y algunas hay de desgracias.

Acabada, se le encendió el deseo de todas las presentes queriendo saber la suya, y así se lo pidieron todas; pero ella las remitió para el siguiente viernes, prometiéndole que tendrían reales de plata para hacer las cruces.

En esto, vino el teniente, a quien contaron maravillas de la gitanilla; él las hizo bailar un poco, confirmado como ciertas y justas las alabanzas que a Preciosa habían dado; y poniendo la mano en la bolsa, hizo señal de querer darle algo; y habiéndola espulgado, y sacudido, y rascado muchas veces, al rato sacó la mano, y dijo:

—¡Por Dios que no tengo blanca! Dadle, doña Clara, un real a Preciosica; que yo os lo devolveré después.

—¡Pues sí! No hemos tenido entre todas un cuarto para hacer la señal de la cruz, ¿y quiere que tengamos un real?

—Pues dadle algo vuestro de valor, alguna cosita; que otro día nos la devolverá Preciosa, y le regalaremos mejor.

A lo cual dijo doña Clara:

—Para que venga otra vez, prefiero no dar ahora nada a Preciosa.

—Pues si no me dan nada —dijo Preciosa—, no volveré nunca. Pero sí volveré a servir a tan principales señores; aunque me haré a la idea de que no me darán nada, y así me ahorraré la fatiga de esperarlo. Haga cohecho, señor teniente; haga cohecho, y tendrá dineros, y no haga usos distintos; que morirá de hambre. Mire, señora: por ahí he oído decir (y aunque moza, entiendo que no son buenos dichos) que de los oficios se ha de sacar dineros para pagar las condenas y para pretender otros cargos.

—Así lo dicen y lo hacen los desalmados —replicó el teniente—; pero el juez que procesa a otro que ha ejercido un cargo público no tendrá que pagar condena alguna, y el haber usado bien su oficio será valedor para que le den otro.

—Habla como un santo, señor teniente —respondió Preciosa—; ándese a eso y le cortaremos en harapos para reliquias.

—Mucho sabes, Preciosa —dijo el teniente—. Calla, que yo procuraré que sus majestades te vean, porque eres pieza de reyes.

—Me querrán para truhana —respondió Preciosa—, y yo no lo sabré ser, y todo se perderá. Si me quisiesen para discreta, todavía me podría llevar; pero en algunos palacios medran más los truhanes que los discretos. Yo me encuentro bien siendo gitana y pobre, y que la suerte corra por donde el cielo quiera.

—Ea, niña —dijo la gitana vieja—, no hables más; que has hablado ya mucho, y sabes más de lo que yo te he enseñado; no te agobies tanto; habla de aquello que tus años permiten, y no te metas en altanerías; que no hay ninguna que no amenace caída.

—¡El diablo tienen estas gitanas en el cuerpo! —dijo en este punto el teniente.

Se despidieron las gitanas, y al irse, dijo la doncella del dedal:

—Preciosa, dime la buenaventura, o vuélveme mi dedal; que no tengo con qué hacer labor.

—Señora doncella —respondió Preciosa—, haga cuenta de que se la he dicho, y busque otro dedal, o no borde hasta el viernes, que yo volveré y le diré más venturas y aventuras que las que tiene un libro de caballerías.

Se fueron y se juntaron con las labradoras que a la hora de las avemarías suelen salir de Madrid para volver a sus aldeas, y al ser muchas, acompañadas por las gitanas, volvían seguras. Porque la gitana vieja vivía en el continuo temor de que no asaltasen a su Preciosa.

Sucedió, que un día por la mañana que volvían a Madrid para hacer sus estafas y hurtos con las demás gitanillas, en un valle pequeño que está a unos quinientos pasos antes de llegar a la villa, vieron un muchacho gallardo y ricamente vestido de paseo. La espada y daga que traía eran, como se suele decir, una ascua de oro; el sombrero adornado con rico cordoncillo de seda y con plumas de diversos colores. Al verle se pusieron las gitanas a mirarlo muy despacio, admiradas de que a esas horas tan hermoso muchacho estuviera en ese lugar, a pie y solo.

Él llegó hasta ellas, y hablando con la gitana mayor, le dijo:

—Por vida vuestra, amiga, pido que me hagáis el favor de que vos y Preciosa me oigáis aquí aparte dos palabras, que serán de vuestro provecho.

—Como no nos desviaremos mucho, ni tardaremos mucho, sea como digáis —respondió la vieja.

Y llamando a Preciosa, se separaron de las otras unos veinte pasos, y de pie, tal como estaban, el muchacho les dijo:

—Vengo rendido a la discreción y belleza de Preciosa, que después de haberme hecho mucha fuerza para evitar llegar a este punto, al final he quedado rendido e imposibilitado de excusarlo. Yo, señoras mías (pues siempre os daré este nombre, si el cielo favorece mi pretensión), soy caballero, como lo puede mostrar este traje —y abriéndose el peto, descubrió en el pecho uno de los más calificados que hay en España—; soy hijo de Fulano —por respeto no diré su nombre—; estoy bajo su tutela y amparo; soy hijo único, y espero un razonable mayorazgo. Mi padre está aquí en la Corte pretendiendo un cargo, siendo ya consultado, y teniendo esperanzas de obtenerlo. Y con ser de la calidad y nobleza que os he referido, y de la que podéis ir deduciendo, quisiera ser un gran señor para levantar a mi grandeza la humildad de Preciosa, haciéndola mi igual y mi señora. Quiero servirla del modo que ella más guste: su voluntad es la mía. Para con ella es de cera mi alma, en donde podrá imprimir cuanto quisiere; y para conservarlo y guardarlo no será como impreso en cera, sino como esculpido en mármol, cuya dureza se opone a la duración de los tiempos. Si creéis esta verdad, no admitirá ningún desmayo mi esperanza; pero si no me creéis, siempre me tendrá temeroso vuestra duda. Mi nombre es este —y lo dijo—; el de mi padre ya os lo he dicho; la casa donde vive es en tal calle, y estas son sus señas; vecinos tiene de quien podréis informaros, y aun de los que no son vecinos también; que no es tan oscura la calidad y el nombre de mi padre y del mío, que no los conozcan en los patios de palacio, y en toda la Corte. Cien escudos traigo aquí en oro para daros como arras y señal de lo que pienso daros; porque no se le debe negar la hacienda a quien da el alma.

Mientras el caballero decía esto, la miraba. Preciosa escuchó atentamente; sin duda no le debieron parecer mal ni sus razones ni su figura; y volviéndose a la vieja, le dijo:

—Perdóneme, abuela, que me tome el permiso para responder a este señor.

—Responde lo que quisieres, nieta —respondió la vieja—; que yo sé que tienes discreción para todo.

Y Preciosa dijo:

—Yo, señor caballero, aunque soy gitana, pobre y humildemente nacida, tengo un cierto espíritu fantástico aquí dentro, que me lleva a grandes cosas. A mí ni me mueven las promesas, ni me desmoronan los regalos, ni me inclinan las sumisiones, ni me espantan las finezas y aunque tengo quince años (que, según las cuentas de mi abuela, para este San Miguel los haré), soy ya vieja en los pensamientos y llego más lejos de lo que mi edad promete, más por mi buen natural que por la experiencia. Pero, con lo uno o con lo otro sé que las pasiones amorosas en los recién enamorados son como ímpetus indiscretos que hacen salir a la voluntad de sus quicios; la cual, atropellando inconvenientes, desatinadamente se arroja tras su deseo, y, pensando dar con la gloria de sus ojos, da con el infierno de sus pesadumbres. Si alcanza lo que desea, mengua el deseo con la posesión de la cosa deseada, y quizá, abriéndose entonces los ojos del entendimiento, se ve ser bien que se aborrezca lo que antes se adoraba. Este temor engendra en mí un recato tal, que en ninguna palabra creo y de muchas obras dudo. Una sola joya tengo, que la estimo en más que a la vida, que es la de mi entereza y virginidad, y no la tengo que vender a precio de promesas ni regalos, porque, al final, será vendida, y si puede ser comprada, será muy poco estimada; ni me la han de llevar trazas ni embelecos: antes pienso irme con ella a la sepultura, y quizá al cielo, que ponerla en peligro que quimeras y fantasías soñadas la embistan o manoseen. Flor es la de la virginidad que, a ser posible, aun con la imaginación no había de dejar ofenderse. Cortada la rosa del rosal, ¡con qué brevedad y facilidad se marchita! Este la toca, aquel la huele, el otro la deshoja, y, finalmente, entre las manos rústicas se deshace. Si vos, señor, venís únicamente a por esta prenda, os la llevaréis atada con las ligaduras y lazos del matrimonio; que si la virginidad se ha de inclinar, ha de ser a este santo yugo, que entonces no sería perderla, sino emplearla en ferias que felices ganancias prometen. Si queréis ser mi esposo, yo lo seré vuestra: pero tienen que pasar muchas condiciones y averiguaciones primero. Antes tengo; que saber si sois quien decís; luego, hallando esta verdad, abandonaréis la casa de vuestros padres cambiándola con nuestros ranchos, y tomando el traje de gitano, habéis de pasar dos años en nuestras escuelas, y en este tiempo debo quedar satisfecha de vuestra condición, y vos de la mía; al cabo del cual, si estuvierais contento conmigo, y yo con vos, me entregaré como vuestra esposa. Y habéis de considerar que en el tiempo de este noviciado podría ser que recuperaseis la vista, que ahora debéis tenerla perdida, o, por lo menos, turbada, y vieseis que os convenía huir de lo que ahora perseguís con tanto ahínco; y cobrando la libertad perdida, con buen arrepentimiento se perdona cualquier culpa. Si con estas condiciones queréis entrar a ser soldado de nuestra milicia, en vuestra mano está, pues, faltando alguna de ellas, no habréis de tocar un dedo de la mía.

Se pasmó el mozo por las razones de Preciosa, y se puso como embelesado, mirando al suelo, dando muestras que pensaba bien lo que debía. Viendo lo cual Preciosa, volvió a decirle:

—No es el caso de que esto se pueda ni se deba resolver en estos momentos: volved, señor, a la ciudad, y considerad de camino lo que más os convenga, y en este mismo sitio me podéis hablar todos los festivos que quisierais, al ir o volver de Madrid.

A lo cual respondió el gentilhombre:

—Cuando el cielo me dispuso para quererte, Preciosa mía, decidí hacer por ti cuanto tu voluntad acertase a pedirme, aunque nunca cupo en mi pensamiento que me habías de pedir lo que me pides; pero, si ese es tu gusto que el mío al tuyo se ajuste y acomode; cuéntame por gitano desde luego, y haz de mí todas las experiencias que más quisieres; que siempre me encontrarás el mismo que ahora soy. Mira cuándo quieres que cambie el traje, que yo querría que fuese pronto; que, con ocasión de ir a Flandes, engañaré a mis padres y sacaré dineros para gastar algunos días, y serán hasta ocho los que podré tardar en acomodar mi partida. A quienes fuesen conmigo yo los engañaré de modo que salga con mi determinación. Lo que te pido es (si es que ya puedo tener atrevimiento de pedirte y suplicarte algo) que, si no es hoy, donde te puedes informar de mi calidad y de la de mis padres, que no vayas más a Madrid; porque no querría que algunas de las demasiadas ocasiones que allí se ofrecen me saltease la buena ventura que tanto me cuesta.

—Eso no, señor galán —respondió Preciosa—: sepa que conmigo ha de andar siempre la libertad desenfadada, sin que la ahogue ni turbe la pesadumbre de los celos; y entienda que no la tomaré tan demasiada, que no se eche de ver desde bien lejos que llega mi honestidad a mi desenvoltura; y como primera obligación en que quiero pediros es la de la confianza que me habéis de tener. Y mirad que los amantes que entran pidiendo celos, o son simples o confiados.

—¡Satanás tienes en tu pecho, muchacha! —dijo en este punto la gitana vieja—: ¡mira que dices cosas que no las diría un estudiante de Salamanca! Tú sabes de amor, de celos, de confianzas: ¿cómo es esto?, que me tienes loca, y te estoy escuchando como a una persona poseída, que habla en latín sin saberlo.

—Calle, abuela —respondió Preciosa—, y sepa que todas las cosas que me oye no son nada y son burlas, para las muchas que de veras me quedan en el pecho.

Todo cuanto Preciosa decía, y toda la discreción que mostraba, era añadir leña al fuego que ardía en el pecho del caballero. Finalmente, quedaron en que de allí a ocho días se verían en aquel mismo lugar, donde él vendría a dar cuenta del término en que sus negocios estaban, y ellas habrían tenido tiempo de informarse de la verdad que les había dicho. Sacó el mozo una bolsilla de brocado, donde dijo que iban cien escudos de oro, y dio dos a la vieja; pero no quería Preciosa que los tomase en ninguna manera; a quien la gitana dijo:

—Calla, niña; que la mejor señal que este señor ha dado de estar rendido es haber entregado las armas en señal de rendimiento; y dar, en cualquiera ocasión que sea, siempre fue indicio de generoso pecho. Y acuérdate de aquel refrán que dice: «Al cielo rogando, y con el mazo». Y más, que no quiero yo que por mí pierdan las gitanas el nombre que por largos siglos tienen adquirido de codiciosas y aprovechadas. ¿Cien escudos quieres tú que deseche, Preciosa, y de oro en oro, que se pueden coser en los pliegues de una falda que no valga dos reales, y tenerlos allí como quien tiene a perpetuidad el derecho sobre las yerbas de Extremadura. Y si alguno de nuestros hijos, nietos o parientes cayere, por alguna desgracia, en manos de la justicia, ¿habrá favor tan bueno que llegue a la oreja del juez y del escribano, como de estos escudos, si llegan a sus bolsas? Tres veces por tres delitos diferentes me he visto casi puesta en el asno para ser azotada, y de una me libró un jarro de plata, de otra un puñado de perlas, y de otra, cuarenta reales de a ocho, que había cambiado por cuartos, dando veinte reales más por el cambio. Mira, niña, que andamos en un oficio muy peligroso y lleno de tropiezos y de ocasiones forzosas, y no hay defensas que más pronto nos amparen y socorran como las armas invencibles del gran Filipo: no hay pasar adelante de su *plus ultra.* Por un doblón de dos caras se nos muestra alegre la triste del procurador y de todos los ministros de la muerte, que son arpías de nosotras, las pobres gitanas, y más aprecian pelarnos y desollarnos que a un salteador de caminos; jamás, por más rotas y desastradas que nos vean, nos tienen por pobres; que dicen que somos como los jubones de los gabachos de Belmonte: rotos, grasientos y llenos de doblones.

—Abuela, no diga más; que terminará de alegar tantas leyes en favor de quedarse con el dinero, que agote las de los emperadores; quédese con ellos, y buen provecho le hagan, y pida a Dios que los entierren donde jamás vuelvan a ver la claridad del sol, ni haya necesidad de que la vean. A nuestras compañeras será necesario darles algo; que hace mucho que nos esperan, y deben estar enfadadas.

—Así verán ellas —replicó la vieja— moneda de estas como ven al turco ahora. Este buen señor verá si le ha quedado alguna moneda de plata, o cuartos, y los repartirá entre ellas, que con poco quedarán contentas.

—Sí, traigo —dijo el galán.

Y sacó de la bolsa tres reales de a ocho, que repartió entre las tres gitanillas, que quedaron más alegres y más satisfechas que suele quedar un autor de comedias cuando, en competencia con otro autor, le suelen rotular por las esquinas: «Vencedor, Vencedor[11]».

---

[11] Era una costumbre propia de esta época rotular los muros de una facultad o colegio con la palabra latina VÍCTOR con una mezcla de almagre (arcilla de color rojo), escribiendo junto a esta palabra el nombre del ganador de una oposición a cátedra. Más tarde, se extendió a la palabra AUTOR, que daban al director de una compañía de teatro.

En resumen, acordaron verse en ocho días, y que se había de llamar cuando fuese gitano Andrés Caballero, porque también había gitanos entre ellos con este apellido.

Andrés (que así lo llamaremos de aquí en adelante) las dejó, y entró en Madrid, y ellas, contentísimas, hicieron lo mismo. Preciosa, algo aficionada de la gallarda disposición de Andrés, ya deseaba informarse si era el que había dicho; entró en Madrid, y, a pocas calles andadas, encontró con el paje poeta de las coplas y el escudo; y cuando él la vio, se llegó a ella, diciendo:

—Vengas en buena hora, Preciosa: ¿leíste por ventura las coplas que te di el otro día?

A lo que Preciosa respondió:

—Antes de que le responda tiene que decirme una cosa, por la vida de quien más quiere.

—Embrujo es —respondió el paje— que, aunque al decirla me cueste la vida, no se lo voy a negar.

—Pues lo que quiero que me diga —dijo Preciosa— es si por ventura es poeta.

—Serlo —replicó el paje—, forzosamente tendría que ser por ventura. Pero has de saber, Preciosa, que ese nombre de poeta muy pocos le merecen; yo no lo soy, sino un aficionado a la poesía. Y para lo que preciso, no voy a pedir ni a buscar versos ajenos: los que te di son míos, y estos que te doy ahora también; pero no por esto soy poeta, ni Dios lo quiera.

—¿Tan malo es ser poeta? —replicó Preciosa.

—No es malo —dijo el paje—, pero ser solo poeta no lo tengo por muy bueno. Se ha de usar la poesía como una joya preciosa, cuyo dueño no la trae cada día, ni la enseña a todo el mundo, ni a cada paso, sino cuando convenga mostrarla. La poesía es una bellísima doncella, casta, honesta, discreta, aguda, retirada, y que se contiene en los límites de la discreción más alta. Es amiga de la soledad, las fuentes la entretienen, los prados la consuelan, los árboles la desenojan, las flores la alegran, y, finalmente, deleita y enseña a cuantos con ella comunican.

—Con todo eso —respondió Preciosa—, he oído decir que es pobrísima y que tiene algo de mendiga.

—Es al revés —dijo el paje—, porque no hay poeta que no sea rico, pues todos viven contentos con su estado: filosofía que la alcanzan pocos. Pero ¿qué te ha movido, Preciosa, a hacerme esta pregunta?

—Me ha movido —respondió Preciosa—, el que, como yo tengo a la mayoría de los poetas por pobres, me maravilló aquel escudo de oro que me diste envuelto entre vuestros versos; pero ahora que sé que no sois poeta, sino aficionado de la poesía, podría ser que fuerais rico, aunque lo dudo, por eso de hacer coplas y mientras desaguáis vuestra hacienda; que no hay poeta, según dicen, que sepa conservar la hacienda que tiene ni granjear la que no tiene.

—Pues yo no soy de esos —replicó el paje—: versos hago, y no soy rico ni pobre; y sin sentirlo ni descontarlo, como hacen los genoveses sus invitaciones, bien puedo dar un escudo o dos a quien yo quiera. Tomad, preciosa perla, este segundo papel y este escudo segundo que va en él, sin que os pongáis a pensar si soy poeta o no; solo quiero que penséis y creáis que quien os da esto quisiera tener para daros las riquezas de Midas.

Y, en esto, le dio un papel; y, tentándolo Preciosa, halló que dentro venía el escudo, y dijo:

—Este papel ha de vivir muchos años, porque trae dos almas consigo: una, la del escudo, y otra, la de los versos, que siempre vienen llenos de *almas* y *corazones*. Pero sepa señor paje que no quiero tantas almas conmigo, y si no saca la una, no haya miedo que reciba la otra; por poeta le quiero, y no por dadivoso, y de esta manera tendremos amistad que dure; pues más fácilmente puede faltar un escudo, por fuerte que sea, que la hechura de un romance.

—Pues así es —replicó el paje— que quieres, Preciosa, que yo sea pobre por fuerza, no deseches el alma que en ese papel te envío, y devuélveme el escudo; que, como le toques con la mano, le tendré por reliquia mientras la vida me dure.

Sacó Preciosa el escudo del papel, y se quedó con el papel, y no lo quiso leer en la calle. El paje se despidió, y se fue contentísimo, creyendo que ya Preciosa quedaba rendida, pues con tanta afabilidad le había hablado.

Y, como ella llevaba puesta la mira en buscar la casa del padre de Andrés, sin querer detenerse a bailar en ninguna parte, en poco rato se puso en la calle en donde estaba, que ella muy bien conocía; y habiendo andado hasta la mitad, alzó los ojos a unos balcones de hierro dorados, que le habían dado por señas, y vio en uno de ellos a un caballero de unos cincuenta años, que llevaba un hábito de cruz colorada en el pecho, de venerable gravedad y presencia, el cual, al ver a la gitanilla dijo:

—Subid, niñas; que aquí os darán limosna.

A esta voz acudieron al balcón otros tres caballeros, y entre ellos vino el enamorado Andrés, que cuando vio a Preciosa, perdió el color y estuvo a punto de perder los sentidos: tanto fue el sobresalto que recibió con su vista. Subieron todas las gitanillas, menos la anciana que se quedó abajo para informarse de boca de los criados sobre Andrés.

Al entrar las gitanillas en la sala, el caballero anciano les decía a los demás:

—Esta debe ser, sin duda, la gitanilla hermosa que dicen que anda por Madrid.

—Ella es —replicó Andrés—, y sin duda es la más hermosa criatura que se ha visto.

—Eso dicen —dijo Preciosa, que lo oyó todo entrando—; pero la verdad es que se deben de engañar en la mitad del justo precio. Bonita, pienso que lo soy; pero tan hermosa como dicen, no lo creo.

—¡Por vida de don Juanico, mi hijo—dijo el anciano—, que aún sois más hermosa de lo que dicen, linda gitana!

—Y ¿quién es don Juanico, su hijo? —preguntó Preciosa.

—Ese galán que está a vuestro lado —respondió el caballero.

—La verdad es que pensé —dijo Preciosa— que juraba vuesa merced por algún niño de dos años. ¡Mirad qué don Juanico, y qué joya! Para mí que pudiera ya estar casado, y que, como tiene unas rayas en la frente, no pasarán tres años sin que lo esté, y muy a su gusto, si es que no se pierde, o se le cambia.

—Basta —dijo uno de los presentes—; qué sabe la gitanilla de rayas.

En esto, las tres gitanillas que iban con Preciosa, todas tres se arrimaron a un rincón de la sala, y, tapándose las bocas unas con otras, se juntaron para no ser oídas. Dijo Cristina:

—Muchachas, este es el caballero que nos dio esta mañana los tres reales de a ocho.

—Es verdad —respondieron ellas—, pero no se lo mencionemos, ni le digamos nada, si él no nos lo saca; ¿qué sabemos si quiere encubrirse?

En tanto que esto pasaba entre las tres, respondió Preciosa a lo de las rayas:

—Lo que veo con los ojos, con el dedo lo adivino: yo sé del señor don Juanico, sin rayas, que es algo enamoradizo, impetuoso y acelerado, y también, gran prometedor de cosas que parecen imposibles; y ruego a Dios que no sea mentirosillo, que eso sería lo peor de todo. Un viaje debe hacer ahora muy lejos de aquí, y una cosa piensa el caballo, y otra el que lo ensilla; el hombre propone y Dios dispone; quizá cree que va a Oñez, y terminará en Gamboa[12].

A esto respondió don Juan:

—Es verdad, gitanilla, que has acertado muchas cosas sobre mi condición; pero en lo de ser mentiroso estás muy lejos de la verdad, porque me precio decirla en todo momento. En lo del viaje largo has acertado, pues, sin duda, si Dios quiere, dentro de cuatro o cinco días partiré para Flandes, aunque tú me amenazas con que he de torcer el

---

[12] Preciosa hace uso de la sabiduría refranística. Se refiere en este caso que «se piensa hacer una cosa y sucede otra». Oñez y Gamboa son dos bandos rivales del País Vasco cuya enemistad duró hasta el reinado de los Reyes Católicos.

camino, y no quisiera que me sucediese algo que lo estorbase.

—Calle, señorito —respondió Preciosa—, y encomiéndese a Dios; que todo saldrá bien; y sepa que yo no sé nada de lo que digo, y que como hablo mucho y a bulto, acierto en alguna cosa, aunque yo quisiera acertar en persuadirte a que no partieses, sino que tranquilizaras el pecho, y estuvieras con tus padres, para darles una buena vejez; porque no estoy bien con estas idas y venidas a Flandes, principalmente los mozos de tan tierna edad como la tuya. Crece un poco, que las guerras pueden esperar, sobre todo porque suficiente guerra tienes en tu casa: hartos combates amorosos te sobresaltan el pecho. Cálmate, cálmate, alborotadillo; mira lo que haces primero cuando te cases, y danos una limosnita por Dios y por quien tú eres; que es verdad que creo que eres bien nacido. Y si a esto se junta que dices siempre la verdad, yo celebraré al final el haber acertado en todo cuanto te he dicho.

—De nuevo te digo, niña —respondió don Juan, quien había de ser Andrés Caballero— que en todo aciertas menos en el temor que tienes de que no diga la verdad; en eso te engañas, sin ninguna duda; la palabra que yo doy en el campo, la cumplo en la ciudad y en donde quiera, sin que me la pidan pues no se puede considerar caballero quien cae en el vicio de ser mentiroso. Mi padre te dará limosna por Dios y por mí, que es verdad que esta mañana di cuanto tenía a unas damas que siendo tan zalameras como hermosas, especialmente una de ellas, no me arriendo la ganancia.

Oyendo esto Cristina, con el recato de la vez anterior, dijo a las otras gitanas:

—¡Ay, niñas, que me maten si no lo ha dicho por los tres reales de a ocho que nos dio esta mañana!

—No puede ser —respondió una de las dos—, porque ha dicho que eran damas, y nosotras no lo somos; y, siendo él tan verdadero como dice, no había de mentir en esto.

—No es mentira de tanta consideración —respondió Cristina— la que se dice sin perjuicio de nadie, y en provecho y crédito del que la dice. Pero, con todo, veo que no nos dan nada, ni nos mandan bailar.

Subió, en esto, la gitana vieja, y dijo:

—Nieta, acaba; que es tarde, y hay mucho que hacer y más que decir.

—Y ¿qué, abuela? —preguntó Preciosa—. ¿Hay hijo o hija?

—Hijo, y muy lindo —respondió la vieja—. Ven, Preciosa, y oirás verdaderas maravillas.

—¡Ruega a Dios que no muera de sobreparto! —dijo Preciosa.

—Todo se mirará muy bien —replicó la vieja—; sobre todo, que hasta aquí el parto ha sido derecho y el niño es como el oro.

—¿Ha parido alguna señora? —preguntó el padre de Andrés Caballero.

—Sí, señor —respondió la gitana—, pero el parto ha sido tan secreto, que no lo sabe sino Preciosa y yo, y otra persona; y no podemos decir quién es.

—Ni lo queremos saber —dijo uno de los presentes—, pero desdichada de aquella que en vuestras lenguas deposita su secreto, y en vuestra ayuda pone su honra.

—No todas somos malas —respondió Preciosa—: quizá haya alguna entre nosotras que se precie de secreta y de verdadera, tanto como el hombre más estirado que hay en esta sala; y vámonos, abuela, que aquí en poco nos consideran, pues la verdad es que no somos ladronas ni rogamos a nadie.

—No os enojéis, Preciosa —dijo el padre—; que, por lo menos de vos, imagino que no se puede pensar mal que vuestro buen rostro da fe y sale como fiador de vuestras buenas obras. Por Preciosita, les pido señoras que bailéis un poco con vuestras compañeras; que aquí tengo un doblón de oro de a dos caras, y ninguna es como la vuestra, aunque sean de dos reyes.

Apenas hubo oído esto la vieja cuando dijo:

—Vamos, niñas, agarrad las faldas y contentad a estos señores.

Tomó las sonajas Preciosa, y dieron sus vueltas, hicieron y deshicieron sus lazos, con tanta gracia y desenvoltura, que se iban tras los pies los ojos de cuantos las miraban, especialmente los de Andrés, que se movían entre los pies de Preciosa como si allí tuvieran el centro de su gloria. Pero se le turbó la suerte de manera que se volvió un infierno; y fue el caso que, al bailar, se le cayó a Preciosa el papel que le había dado el paje, y, apenas se hubo caído, cuando lo recogió el que no tenía buen concepto de las gitanas, y, abriéndole, dijo:

—¡Un soneto tenemos! Cese el baile, y escúchenlo; que, según el primer verso, la verdad es que no es nada necio.

Le pesó a Preciosa, por no saber lo que en él venía escrito, y rogó que no lo leyesen, y que se lo devolviesen; y todo el empeño que en esto ponía eran espuelas que apremiaban el deseo de Andrés para oírle. Finalmente, el caballero lo leyó en voz alta voz:

Cuando Preciosa el panderete toca
y hiere el dulce son los aires vanos,
perlas son que derrama con las manos;
flores son que despide de la boca.

Suspensa el alma, y la cordura loca,
queda a los dulces actos sobrehumanos,
que, de limpios, de honestos y de sanos,
su fama al cielo levantado toca.

Colgadas del menor de sus cabellos
mil almas lleva, y a sus plantas tiene
amor rendidas una y otra flecha.

Ciega y alumbra con sus soles bellos,
su imperio amor por ellos le mantiene,
y aún más grandezas de su ser sospecha.

—¡Por Dios —dijo quien leyó el soneto—, tiene gracia el poeta que lo escribió!

—No es poeta, señor, sino un paje muy galán y hombre de bien —dijo Preciosa.

(Mirad lo que habéis dicho, Preciosa, y lo que vais a decir; que esas no son alabanzas del paje, sino lanzas que traspasan el corazón de Andrés, que las está escuchando. ¿Lo queréis ver, niña? Pues volved los ojos y lo veréis desmayado encima de la silla, con unos sudores de muerte; no penséis, doncella, que os ama tan de burlas Andrés que no le hieran y sobresalten el menor de vuestros descuidos. Llegaos a él en seguida y decidle algunas palabras al oído, que vayan derechas al corazón y le devuelvan de su desmayo)[13].

Sucedió esto así, como se ha dicho: a Andrés, oyendo el soneto, mil celosos pensamientos le sobresaltaron. No se desmayó, pero perdió el color de su rostro de manera que, viéndolo su padre, le dijo:

—¿Qué tienes, don Juan, que parece que te vas a desmayar, según se te ha cambiado el color?

—Esperen —dijo a este particular Preciosa—: déjenme decirle unas palabras al oído, y verán cómo no se desmaya.

Y, llegando hasta él, le dijo, casi sin mover los labios:

—¡Gentil gitano! ¿Cómo podréis, Andrés, sufrir el tormento estos dos años, si no podéis llevar el de un simple papel?

Y, haciéndole media docena de cruces sobre el corazón, se apartó de él; y entonces Andrés respiró un poco, y dio a entender que las palabras de Preciosa le habían aprovechado.

Finalmente, le dieron a Preciosa el doblón de dos caras, y dijo a sus compañeras que lo cambiaría y lo repartiría por igual con ellas. El padre de Andrés le pidió que le dejara por escrito las palabras que le había dicho a don Juan, que las quería saber en todo caso. Ella le respondieron que se las diría de muy buena gana, y que entendiesen que, aunque parecían cosa de burla, tenían gracia especial para preservar el mal del corazón y los mareos de cabeza, y que las palabras eran:

---

[13] En estos momentos el autor hace una auténtica inmersión en el relato, identificándose en este autor y personaje.

«Cabecita, cabecita,
tente en ti, no te resbales,
y apareja dos puntales
de la paciencia bendita.
Solicita a bonita confiancita;
no te inclines
a pensamientos ruines;
verás cosas
que toquen en milagrosas,
Dios delante
y san Cristóbal gigante».

—Con la mitad de estas palabras que le digan, y con seis cruces que le hagan sobre el corazón a la persona que tuviere desfallecimientos de cabeza —dijo Preciosa—, quedará como una manzana.

Cuando la gitana vieja oyó el hechizo y el embuste, quedó asombrada; y más se quedó Andrés, que vio que todo era un invento de su agudo ingenio. Se quedaron con el soneto, porque no quiso pedírselo Preciosa, por no dar otro disgusto a Andrés; que ya sabía ella, sin ser enseñada, lo que era dar sustos, celos y sobresaltos a los rendidos amantes.

Se despidieron las gitanas, y al irse dijo Preciosa a don Juan:

—Mire, señor: cualquiera día de esta semana es bueno para partidas, y ninguno es malo; apresúrese para irse lo más pronto que pueda; que le aguarda una vida ancha, libre y muy gustosa, si se quiere acomodar a ella.

—No es tan libre la del soldado, según creo —respondió don Juan—, que no tenga más de sujeción que de libertad; pero, con todo esto, haré como vea.

—Más veréis de lo que pensáis —respondió Preciosa—, y Dios os lleve y traiga con bien, como vuestra buena presencia merece.

Con estas últimas palabras quedó contento Andrés, y las gitanas se fueron también contentísimas.

Cambiaron el doblón y lo repartieron entre todas por igual, aunque la vieja llevaba siempre parte y media de lo que se juntaba, tanto por ser mayor como por ser ella el centro por donde pasaban y se guiaban todo el revuelto de sus bailes, gracias y embustes.

Llegó, finalmente, el día en el que Andrés Caballero se presentó una mañana en el lugar en donde había aparecido la primera vez, montado sobre una mula de alquiler, sin ningún criado; encontró allí a Preciosa y a su abuela, que lo recibieron con mucho gusto. Él les dijo que le guiasen al rancho antes que entrase más el día y se descubriesen las señas que llevaba, por si acaso lo buscasen. Ellas, advertidas, vinieron solas, dieron la vuelta, y al poco rato llegaron a sus barracas.

Entró Andrés en una, que era la mayor del rancho, y pronto acudieron a verle diez o doce gitanos, todos mozos, gallardos y bien hechos, a quien la vieja ya había dado cuenta del nuevo compañero que habría de venir, sin tener necesidad de encomendarles el secreto; que ellos lo guardan con una sagacidad y puntualidad nunca vista. Echaron luego un ojo a la mula, y dijo uno de ellos:

—Esta se podrá vender el jueves en Toledo.

—Eso no —dijo Andrés—, porque no hay mula de alquiler que no sea conocida por todos los mozos de mulas que trajinan por España.

—¡Señor Andrés! —dijo uno de los gitanos— que, aunque la mula tenga más señales que las que han de preceder al día del Juicio Final, aquí la transformáramos de manera que no la conozca ni el dueño que la crio.

—De todas formas —respondió Andrés—, esta vez se ha de seguir mi parecer. A esta mula se ha de dar muerte, y ha de ser enterrada donde ni los huesos aparezcan.

—¡Gran pecado! —dijo otro gitano—: ¿a una inocente se le ha de quitar la vida? No diga eso el buen Andrés; antes haga una cosa: mírela bien ahora de manera que se le queden estampadas todas sus señales en la memoria, y déjemela a mí; y si de aquí a dos horas la conoce, que me unten de brea como a un negro fugitivo.

—De ninguna manera consentiré —dijo Andrés—que la mula no muera, aunque más me aseguren su transformación: temo ser descubierto si no la cubre la tierra. Y si se hace por el provecho que de venderla puede seguirse, no vengo tan desnudo a esta cofradía, que puedo pagar de entrada más de lo que valen cuatro mulas.

—Pues, si así lo quiere el señor Andrés Caballero —dijo otro gitano—, mátela sin culpa, y Dios sabe que me pesa, sobre todo por su mocedad, porque debe ser buena andariega, y porque no tiene costras en las costillas, ni llagas de las espuelas.

Se dilató su muerte hasta la noche, y en lo que quedaba de día se hicieron las ceremonias de la entrada de Andrés para ser gitano: desalojaron enseguida un rancho de los mejores del campamento, y adornaron con ramos y juncos; y sentándose Andrés sobre un medio alcornoque, le pusieron en las manos un martillo y unas tenazas, y al son de dos guitarras que dos gitanos tocaron, le hicieron dar dos cabriolas; luego le desnudaron un brazo, y con una cinta de seda nueva y un garrote le dieron dos vueltas blandamente.

En todo estuvo presente Preciosa, y otras muchas gitanas, viejas y mozas, unas como embrujadas y otras llenas de amor, lo miraban: tal era la gallarda disposición de Andrés, que hasta los gitanos le quedaron muy aficionados.

Hechas, pues, las ceremonias, un gitano viejo cogió de la mano Preciosa, y puesto delante de Andrés, dijo:

—Te entregamos a esta muchacha, que es la flor y la nata de toda la hermosura de las gitanas que sabemos que viven en España, ya por esposa, ya por amiga que en esto puedes hacer lo que fuere más de tu gusto porque la libre y ancha vida nuestra no está sujeta a delicadezas ni a muchas ceremonias. Mírala bien, y mira si te agrada, o si descubres en ella algo que te descontente, y si lo encuentras, escoge entre las doncellas que aquí hay la que más te agrade, que te la daremos; pero has de saber que una vez escogida, no la has de abandonar por otra, ni te has de empachar ni entremeter, ni con las casadas ni con las doncellas. Nosotros guardamos inviolablemente la ley de la amistad, ninguno solicita la prenda del otro; libres vivimos de la amarga pestilencia de los celos. Entre nosotros, aunque hay muchos incestos, no hay ningún adulterio, y cuando lo hay en la mujer propia, o alguna bellaquería en la amiga, no vamos a la justicia a pedir castigo; nosotros somos los jueces y los verdugos de nuestras esposas o amigas; con la misma facilidad las matamos y las enterramos por las montañas y desiertos como si fueran animales nocivos. No hay pariente que las vengue ni padres que nos pidan su muerte. Con este temor y miedo ellas procuran ser castas, y nosotros, como ya se ha dicho, vivimos seguros. Pocas cosas tenemos que no sean comunes a todos, excepto la mujer o la amiga, que queremos que cada una sea del que le cupo en suerte. Entre nosotros así hace divorcio la vejez como la muerte. El que quisiere puede dejar la mujer vieja, como él sea mozo, y escoger otra que corresponda al gusto de sus años. Con nuestras leyes y reglas nos conservamos y vivimos alegres; somos señores de los campos, de los sembrados, de las selvas, de los montes, de las fuentes y de los ríos: los montes nos ofrecen leña de balde; los árboles, frutas; las viñas, uvas; las huertas, hortaliza; las fuentes, agua; los ríos, peces, y los vedados, caza; sombra las peñas; aire fresco, las quiebras, y casas las cuevas. Para nosotros las inclemencias del cielo son soplos de aire, refrigerio las nieves, baños la lluvia, músicas los truenos y hachas los relámpagos; para nosotros la dura tierra son colchones de blandas plumas; el cuero curtido de nuestros cuerpos nos sirve de arnés impenetrable que nos defiende; a nuestra ligereza no la impiden grillos, ni la detienen barrancos, ni la protegen paredes; a nuestro ánimo no le tuercen cordeles, ni le menoscaban garruchas, ni le ahogan tocas, ni le doman potros. Entre el sí y el no nosotros no hacemos diferencia cuando nos conviene: siempre nos preciamos más de mártires que de confesores; para nosotros se crían las bestias de carga en los campos y se cortan las pieles de las que se hacen las bolsas del dinero en las ciudades. No hay águila, ni ninguna otra ave de rapiña que más pronto se abalance a la presa que se le ofrece, que nosotros nos abalanzamos a las ocasiones que algún interés nos señalen; y, finalmente, tenemos muchas habilidades que feliz fin nos

prometen; porque en la cárcel cantamos, en el potro calla-
mos, de día trabajamos, y de noche, robamos, o mejor dicho, avisamos de que nadie descuide mirar dónde pone
su hacienda. No nos preocupa el temor de perder la honra, ni nos desvelan las ganas de hacerla crecer, ni susten-
tamos bandos, ni madrugamos para dar memoriales, ni a
acompañar a magnates, ni a solicitar favores. Por dorados
techos y suntuosos palacios estimamos estas barracas y
movibles campamentos; por cuadros y países de Flandes,
los que nos da la naturaleza en esas altas y nevadas montañas, extensos prados y espesos bosques que a cada paso
a los ojos se nos muestran. Somos astrólogos rústicos,
porque como casi siempre dormimos bajo el cielo abier-
to, a todas horas sabemos las que son del día y las que
son de la noche; vemos cómo arrincona y barre la aurora
las estrellas del cielo, y cómo ella sale con su compañera
el alba, alegrando el aire, enfriando el agua y humedecien-
do la tierra, y luego, tras ella, el sol, dorando cumbres
(como dijo el otro poeta) y rizando montes; ni tememos
quedarnos helados por su ausencia cuando nos hiere con
sus rayos sesgados, ni quedar abrasados cuando con ellos
de lleno nos tocan; un mismo rostro hacemos al sol que al
hielo, a la esterilidad que a la abundancia. En conclusión:
somos gente que vivimos por nuestra maña y nuestra la-
bia, y sin meternos con el antiguo refrán: «Iglesia, o mar,
o casa real», tenemos lo que queremos, pues nos conten-
tamos con lo que tenemos. Os he dicho esto, generoso
muchacho, para que no ignoréis la vida a que habéis venido y el trato que tenéis que seguir, el cual os he pintado aquí en borrón; que otras muchas e infinitas cosas iréis
descubriendo con el tiempo, no menos dignas de consideración que las que habéis oído.

Calló al decir esto el elocuente y viejo gitano, y el novicio dijo que se alegraba mucho de haber sabido de tan loables estatutos, y que él pensaba hacer profesión en aquella orden tan puesta en razón y en políticos fundamentos, y que solo le pesaba no haber venido más pronto en conocimiento de tan alegre vida, y que desde aquel momento renunciaba a la profesión de caballero y a jactarse de su ilustre linaje, y lo ponía todo debajo del yugo, o, por mejor decir, debajo de las leyes con las que ellos vivían, pues con tan alta recompensa le satisfacían el deseo de servirlos, entregándole a la divina Preciosa, por quien él dejaría coronas e imperios y que solo los desearía para servirla.

A lo que respondió Preciosa:

—Puesto que estos señores legisladores han hallado por sus leyes que soy tuya, y que como tuya me han entregado, yo he hallado por la ley de mi voluntad, que es la más fuerte de todas, que no quiero serlo si no es con las condiciones que antes de que vinieras aquí entre los dos acordamos. Dos años debes vivir en nuestra compañía antes de que de la mía disfrutes para que tú no te arrepientas por ligero, ni yo quede engañada por precipitada. Condiciones rompen leyes; las que te he puesto conoces: si las quieres guardar, puede ser que sea tuya y tú seas mío, y si no, todavía no está muerta la mula, tus vestidos están enteros, y de tus dineros no te falta ni un ardite[14]; tu ausencia ha sido solo de un día; que de lo que te falta de él te puedes servir y dar lugar a que decidas lo que más te conviene. Estos señores no pueden entregarte mi alma, que es libre y nació libre, y ha de ser libre en tanto que yo quiera. Si te quedas, te estimaré en mucho; si te vuelves,

---

[14] Como se ha dicho, moneda de escaso valor que había en Castilla.

no te tendré en menos; porque, a mi parecer, los ímpetus amorosos corren a rienda suelta, hasta que se encuentran con la razón o con el desengaño; y no quisiera yo que fueses conmigo como es el cazador que, alcanzando a la liebre que persigue, la coge, y la deja, por correr tras otra que huye. Ojos hay engañados que a primera vista tan bueno les parece el oropel como el oro; pero al poco rato bien saben la diferencia que hay de lo fino a lo falso. Esta hermosura que dices que tengo, que estimas sobre el sol y la encareces sobre el oro, ¿qué sé yo si de cerca te parece sombra, y una vez tocada, caerás en la cuenta de es de latón? Dos años te doy de tiempo para que tantees y valores lo que será bueno que escojas o será justo que deseches; como la prenda, una vez comprada, nadie puede deshacerse de ella nada más con la muerte, bueno será que haya tiempo, y mucho, para mirarla y remirarla, y ver en ella las faltas o las virtudes que tiene.

—Tienes razón ¡oh, Preciosa! —dijo a este punto Andrés—; y por eso, si quieres que asegure tus temores y disminuya tus sospechas jurándote que no me saldré ni un punto de las órdenes que me pongas, mira qué juramento quieres que haga, o qué otra seguridad puedo darte; que a todo me hallarás dispuesto.

—Los juramentos y promesas que hace el cautivo para que le den la libertad pocas veces se cumplen con ella —dijo Preciosa—; y así son, según pienso, los del amante; que por conseguir su deseo, prometerá las alas de Mercurio y los rayos de Júpiter, como me prometió a mí cierto poeta. No quiero juramentos, señor Andrés, ni quiero promesas; solo quiero remitirlo todo a la experiencia de este noviciado.

—Sea así —respondió Andrés—. Solo una cosa pido a estos señores y compañeros míos, y es que no me obliguen a que hurte ninguna cosa en un mes; porque me parece que no he de acertar a ser ladrón si antes no aprendo muchas lecciones.

—Calla, hijo —dijo el gitano viejo—; que aquí te enseñaremos de manera que salgas un águila en el oficio; y cuando sepas, has de gustar del oficio, de modo, que te comas las manos tras él. ¡Ya es cosa de burla salir vacío por la mañana y volver cargado por la noche al campamento!

—De azotes he visto yo volver a algunos de esos vacíos —dijo Andrés.

—No se toman truchas, etcétera —replicó el viejo—: todas las cosas de esta vida están sujetas a diversos peligros, y las acciones del ladrón, al de las galeras, azotes y horca; pero no porque haya tormenta o se inunde un navío han de dejar los otros de navegar. ¡Bueno sería que, porque la guerra se come a los hombres y a los caballos, dejase de haber soldados! Mucho más que el que es azotado por la justicia entre nosotros, es tener un hábito en las espaldas, que le parece mejor que si le trajera en los pechos, y de los buenos. El toque está en no acabar acoceando el aire en la flor de nuestra juventud y a los primeros delitos; que el mosqueo de las espaldas, ni el apalear el agua en las galeras, no lo estimamos en absoluto. Andrés, reposad ahora en el nido debajo de nuestras alas; que a su tiempo os sacaremos a volar, y en parte donde no volváis sin presa, y lo dicho, dicho: que os habréis de lamer los dedos tras cada hurto.

—Para compensar —dijo Andrés—lo que yo podía hurtar en este mes, quiero repartir doscientos escudos de oro entre todos los del campamento.

Apenas hubo dicho esto cuando arrancaron con ímpetu muchos gitanos, y levantándolo en brazos y sobre los hombros, le cantaban «¡Vencedor, vencedor, el gran Andrés!», añadiendo: «¡Y viva Preciosa, su amada prenda!». Las gitanas hicieron lo mismo con Preciosa, no sin envidia de Cristina y de otras gitanillas que estaban presentes; que la envidia también se aloja tanto en los campamentos de los bárbaros, en las chozas de los pastores como en palacios de príncipes, y esto de ver medrar al vecino que me parece que no tiene más méritos que yo, cansa.

Hecho esto, comieron ricamente; se repartió el dinero prometido con equidad y justicia; se renovaron las alabanzas a Andrés y subieron al cielo la hermosura de Preciosa.

Llegó la noche, sacrificaron a la mula, y enterrándola de modo que Andrés se quedó tranquilo de que no sería descubierto por ella; y también enterraron sus adornos: la silla, el freno, y las cinchas, al modo de los indios, que sepultan con ellos sus más ricas joyas.

De todo lo que había visto y oído, y de los ingenios de los gitanos, quedó admirado Andrés, y con el propósito de seguir y conseguir su empresa sin entrometerse en absoluto en sus costumbres, o, a lo menos, excusarlo por todas las vías que pudiera, pensando quedar exento de la obligación de obedecerlos en las cosas injustas que le mandasen, a costa de su dinero.

Otro día les rogó Andrés que cambiasen de sitio y se alejasen de Madrid, porque temía ser conocido si allí estaba; ellos dijeron que ya tenían pensado irse a los montes de Toledo, y desde allí correr y desvalijar toda la tierra circundante.

Levantaron, pues, el campamento, y le dieron a Andrés una burra para que montara sobre ella; pero él no la quiso, y prefirió ir a pie, sirviendo de criado de Preciosa, que sobre una iba; ella, contentísima de ver cómo triunfaba de su gallardo escudero, y él igual al ver al lado a la que había hecho señora de su albedrío.

¡Oh poderosa fuerza de este que llaman dulce dios de la amargura —título que le ha dado la ociosidad y nuestro descuido—, y con qué verdad nos avasallas, y con qué poco respeto nos tratas! Caballero es Andrés, y mozo de buen entendimiento, criado casi toda su vida en la Corte y con el regalo de sus ricos padres, y desde ayer acá ha hecho tal cambio que engañó a sus criados y a sus amigos, defraudó las esperanzas que sus padres tenían en él, dejó el camino de Flandes, donde había de ejercitar el valor de su persona y acrecentar la honra de su linaje, y se vino a postrar a los pies de una muchacha y a ser su criado, que, aunque hermosísima, es gitana.

A los cuatro días llegaron a una aldea que estaba a dos leguas de Toledo, donde asentaron su campamento, dando primero algunas prendas de plata al alcalde del pueblo como fianza de que ni en él ni en todo su término hurtarían nada. Hecho esto, todas las gitanas viejas, y algunas mozas, y los gitanos, se esparcieron por todos los lugares, alejándose cuatro o cinco leguas por lo menos de aquel donde habían asentado su campamento. Fue con ellos Andrés a tomar la primera lección como ladrón; pero aunque le dieron muchas en aquella salida, ninguna se le asentó; más bien, correspondiendo a su buena sangre, con cada hurto que sus maestros hacían, a él se le arrancaba el alma, y en alguna ocasión pagó de su dinero los hurtos que sus compañeros habían hecho, conmovido por las lágrimas de sus dueños; ante lo cual los gitanos se desesperaban, diciéndole que eso era contravenir a sus reglas y ordenanzas, que prohibían la entrada de la caridad en sus pechos, la cual, teniéndola tendrían que dejar de ser ladrones, cosa que no estaba bien de ninguna manera. Viendo, pues, esto Andrés, dijo que él quería salir a hurtar por sí solo, sin ir en compañía de nadie; porque para huir del peligro era rápido, y para acometerlo no le faltaba el ánimo; así, que el premio o el castigo de lo que hurtase quería que fuese suyo.

Procuraron los gitanos disuadirlo de este propósito, diciéndole que le podrían suceder ocasiones donde fuera necesaria la compañía, así para acometer como para defenderse, y que una persona sola no podía hacer grandes presas. Pero, por más que dijeron, Andrés quiso ser ladrón solo y destacado, con intención de apartarse de la cuadrilla y comprar por su dinero alguna cosa que pudiese decir que la había hurtado, y de este modo cargar lo lo menos posible sobre su conciencia.

Usando, pues, esta estrategia, en menos de un mes trajo más provecho al grupo que cuatro de los más famosos ladrones de él; cosa que alegraba mucho a Preciosa, al ver a su tierno amante tan lindo y tan despejado ladrón; pero, con todo, temía alguna desgracia; que no quería ella verlo agraviado por todo el tesoro de Venecia, obligada como estaba a tenerle buena voluntad por los muchos servicios y regalos que su Andrés le hacía.

Poco más de un mes estuvieron en los términos de Toledo, donde hicieron su agosto, aunque era por el mes de septiembre, y desde allí entraron en Extremadura, por ser tierra rica y caliente. Pasaba Andrés con Preciosa honestos, discretos y enamorados coloquios, y ella poco a poco se iba enamorando de la discreción y buen trato de su amante; y él, del mismo modo, si pudiera crecer su amor, fuera creciendo: tal era la honestidad, discreción y belleza de su Preciosa. A doquiera que llegaban, él se llevaba el precio y las apuestas de corredor y de saltar más que ninguno; jugaba a los bolos y a la pelota extremadamente; tiraba la barra con mucha fuerza y singular destreza. Finalmente, en poco tiempo voló su fama por toda Extremadura, y no había lugar donde no se hablase de la gallarda disposición del gitano Andrés Caballero y de sus gracias y habilidades; y al par de esta fama corría la de la hermosura de la gitanilla, y no había villa, lugar ni aldea donde no los llamasen para regocijar las fiestas votivas suyas, o para otros particulares regocijos. De esta manera, iba el campamento rico, próspero y contento, y los amantes gozosos con solo mirarse.

Sucedió, pues, que, teniendo el campamento entre unas encinas, algo apartado del camino real, oyeron una noche, casi a la mitad de ella, ladrar a los perros con mucho ahínco y más de lo que acostumbraban; salieron algunos gitanos, y con ellos Andrés, a ver a quién ladraban, y vieron que se defendía de ellos un hombre vestido de blanco, a quien dos perros tenían asido de una pierna; llegaron y se los quitaron, y uno de los gitanos le dijo:

—¿Quién diablos os trajo por aquí, hombre, a tales horas y tan fuera de camino? ¿Venís a hurtar acaso? Porque en verdad que habéis llegado a buen puerto.

—No vengo a hurtar —respondió el hombre mordido—, ni sé si vengo o no fuera de camino, aunque bien veo que vengo descaminado. Pero decidme, señores, ¿hay por aquí alguna venta o lugar en donde pueda recogerme esta noche y curarme de las heridas que vuestros perros me han hecho?

—No hay lugar ni venta donde podamos encaminaros —respondió Andrés—; pero, para curar vuestras heridas y alojaros esta noche, no os faltará comodidad en nuestros carros. Venga con nosotros, que, aunque somos gitanos, no lo parecemos en eso de la caridad.

—Dios la use con vosotros —respondió el hombre—; y llevadme donde queráis, que el dolor de esta pierna me molesta mucho.

Llegó hasta él Andrés y otro gitano caritativo (que aun entre los demonios hay unos peores que otros, y entre muchos malos hombres también suele haber alguno bueno), y entre los dos se lo llevaron. La noche era clara de luna, de manera que pudieron ver que el hombre era un mozo de gentil rostro y talle; venía vestido todo de lienzo blanco, y atravesada por las espaldas y ceñida a los pechos una especie de camisa o talega de lienzo. Llegaron a la barraca o toldo de Andrés, y con presteza encendieron lumbre y luz, y acudió luego la abuela de Preciosa para curar al herido, de quien ya le habían dado cuenta. Tomó algunos pelos de los perros, los frio en aceite, y, lavando primero con vino dos mordeduras que tenía en la pierna izquierda, le puso los pelos con el aceite en ellas y encima un poco de romero verde mascado; se lo lio muy bien con paños limpios y le santiguó las heridas diciéndole:

—Dormid, amigo, que, con ayuda de Dios, no será nada.

Mientras que curaban al herido, estaba Preciosa delante, y lo estuvo mirando con ahínco, y lo mismo hacía él a ella, de modo que Andrés vio la atención con que el joven la miraba; pero pensó que era por gran hermosura de Preciosa, capaz de llevarse tras de sí a sus ojos. En resumen, después de curado el mozo, le dejaron solo sobre un lecho hecho de heno seco, y entonces no quisieron preguntarle nada de su camino ni de otra cosa.

Apenas se alejaron de él, cuando Preciosa llamó a Andrés aparte y le dijo:

—¿Te acuerdas Andrés, de un papel que se me cayó en tu casa cuando bailaba con mis compañeras, que, según creo, te dio un mal rato?

—Sí que me acuerdo —respondió Andrés—; era un soneto que te alababa, y no era malo.

—Pues debes saber, Andrés —replicó Preciosa—, que el que hizo aquel soneto es ese muchacho mordido que dejamos en la choza; y en ninguna manera me equivoco, porque me habló en Madrid dos o tres veces, y aun me dio un romance muy bueno. Allí andaba, a mi parecer, como paje; pero no de los ordinarios, sino de los favorecidos de algún príncipe; y de verdad te digo, Andrés, que el mozo es discreto, y razonable, y muy honesto, y no sé qué puedo creer de esta llegada suya y en tal traje.

—¿Qué puedes creer, Preciosa? —respondió Andrés—. Ninguna otra cosa sino la misma fuerza que a mí me ha hecho gitano y a él le ha hecho parecer molinero y venir a buscarte. ¡Ah, Preciosa, Preciosa; voy descubriendo que te alegra tener más de un hombre rendido! Y si esto es así, acaba conmigo primero y luego mata al otro, y no quieras sacrificarnos juntos en aras de tu engaño, por no decir de tu belleza.

—¡Válgame Dios —respondió Preciosa—, Andrés! ¡Qué delicado eres, y cómo de un sutil cabello tienes colgadas tus esperanzas y mi crédito, pues con tanta facilidad te ha penetrado el alma la dura espada de los celos! Dime, Andrés: si en esto hubiera artificio o engaño alguno, ¿no supiera yo callar y tapar quién era este mozo? ¿Soy tan necia, acaso, que te había de dar ocasión para poner en duda mi bondad y buen término? Calla, Andrés, y mañana procura sacar del pecho de este asombro [preguntándole] adónde va, o a lo que viene. Podría ser que estuviese engañada tu sospecha, como yo no lo estoy de que sea quien he dicho que es. Y, para más satisfacción tuya, pues ya he llegado a términos de satisfacerte, de cualquiera manera y con cualquier intención que ese mozo venga, despídele luego y haz que se vaya, pues todos los de nuestra parcialidad te obedecen, y no habrá nadie que, contra tu voluntad, le quiera dar acogida; y, cuando esto así no suceda, yo te doy mi palabra de no salir del mío, ni dejarme ver de sus ojos, ni de todos aquellos que tú quisieres que no me vean. Mira, Andrés, no me pesa a mí verte celoso, pero sí verte indiscreto.

—Como no me veas loco, Preciosa —respondió Andrés—, cualquiera otra demostración será poca o ninguna para dar a entender adónde llega y cuánto fatiga la amarga y dura presunción de los celos. Pero, con todo eso, yo haré lo que me mandas, y sabré, si es posible, qué es lo que este paje y poeta quiere, a dónde va, qué es lo que busca; que podría ser que por algún hilo que sin cuidado muestre, sacase yo todo el ovillo con que temo viene a enredarme.

—Nunca los celos, a lo que imagino —dijo Preciosa—, dejan el entendimiento libre para que pueda juzgar las cosas como ellas son. Siempre miran los celosos con antojos de allende, que hacen las cosas pequeñas, grandes; los enanos, gigantes, y las sospechas, verdades. Por vida tuya y por la mía, Andrés, que procedas en esto, y en todo lo que toque nuestros conciertos, cuerda y discretamente; que, si así lo hicieres, sé que me has de conceder la palma de honesta y recatada, y de verdadera en todo extremo.

Con esto se despidió de Andrés, y él se quedó esperando el día para tomar la confesión al herido, llena de turbación el alma y de mil contrarias imaginaciones. No podía creer sino que aquel paje había venido allí atraído por la hermosura de Preciosa; porque piensa el ladrón que todos son de su condición. Por otra parte, la satisfacción que Preciosa le había dado le parecía ser de tanta fuerza, que le obligaba a vivir seguro y a dejar en las manos de su bondad toda su ventura.

Llegó el día, visitó al mordido; le preguntó cómo se llamaba y adónde iba, y cómo caminaba tan tarde y tan fuera de camino; aunque primero le preguntó cómo estaba, y si se sentía sin el dolor de las mordeduras. A lo cual respondió el joven que estaba mejor y sin dolor, de manera que podía ponerse en camino. Al decir su nombre y adónde iba, no dijo otra cosa sino que se llamaba Alonso Hurtado, y que iba a Nuestra Señora de la Peña de Francia por un negocio, y que para llegar pronto caminaba de noche, y que durante la última se había perdido por el camino, y casualmente había dado con aquel campamento en donde los perros que lo guardaban le habían puesto del modo que había visto.

No le pareció a Andrés legítima esta declaración, sino muy bastarda, y de nuevo volvieron a hacerle cosquillas en el alma sus sospechas; y por eso le dijo:

—Hermano, si yo fuera juez y vos hubierais caído bajo mi jurisdicción por algún delito que exigiera que os hicieran las preguntas que yo os he hecho, la respuesta que me habéis dado obligara a que os apretara los cordeles. Yo no quiero saber quién sois, cómo os llamáis o dónde vais; pero os advierto que, si os interesa mentir en vuestro viaje, mintáis con más apariencia de verdad. Decís que vais a la Peña de Francia, y la habéis dejado a mano derecha, detrás de este lugar en donde estamos por lo menos treinta leguas; camináis de noche por llegar pronto y vais fuera de camino por entre bosques y encinares que no tienen sendas apenas, y mucho menos caminos. Amigo, levantaos y aprended a mentir, y andad en hora buena. Pero, a cambio de este buen aviso que os doy, ¿no me diréis la verdad? (que sí diréis, pues tan mal sabéis mentir) Decidme: ¿sois por ventura alguien que yo he visto muchas veces en la Corte, entre paje y caballero, con fama de ser un gran poeta; uno que hizo un romance y un soneto a una gitanilla que hace unos días andaba por Madrid y que era conocida por su singular belleza? Decídmelo, que os prometo como caballero gitano guardaros el secreto que os convenga. Mirad que negarme la verdad, de que no sois aquel que yo digo, no os lleva a ningún lado, porque este rostro que yo veo aquí es el que vi en Madrid. Sin duda alguna que la gran fama de vuestro entendimiento me hizo muchas veces que os mirase como hombre extraño e insigne, y así se me quedó en la memoria vuestra figura, que os he venido a conocer por ella, aunque tuvieseis puesto un traje distinto al que lleváis ahora. No os turbéis; animaos, y no penséis que habéis llegado a un pueblo de ladrones, sino a un asilo que os sabrá guardar y defender de todo el mundo. Mirad, yo imagino una cosa, y si es así como la imagino, vos habéis topado con vuestra buena suerte encontrándose conmigo. Lo que imagino es que, enamorado de Preciosa, aquella hermosa gitanilla a quien hicisteis los versos, habéis venido a buscarla, por lo que yo no os tendré en menos, sino en mucho más; que, aunque gitano, la experiencia me ha enseñado adónde se extiende la poderosa fuerza de amor, y las transformaciones que provoca a los que se ponen debajo de su jurisdicción y mando. Si esto es así, como creo que sin duda lo es, aquí está la gitanilla.

—Sí, aquí está, pues yo la vi anoche —dijo el mordido; razón con la que Andrés se quedó como un difunto, pareciendo que se habían confirmado sus sospechas—. Anoche la vi —volvió a referir el mozo—, pero no me atreví a decirle quién era, porque no me convenía.

—De esa manera —dijo Andrés—, vos sois el poeta que dije.

—Sí, lo soy —replicó el mancebo—; que no lo puedo ni lo quiero negar. Quizá podía ser que donde he pensado perderme hubiese venido a ganarme, si es que hay fidelidad en las selvas y buen acogimiento en los montes.

—La hay, sin duda —respondió Andrés—, y entre nosotros, los gitanos, el mayor secreto del mundo. Con esta confianza podéis, señor, descubrirme vuestros sentimientos, que hallaréis en mí lo que veréis, sin doblez alguno. La gitanilla es parienta mía, y está sujeta a lo [que] quisiera hacer de ella; si la queréis por esposa, a mí y a todos sus parientes nos gustará; y si es como amiga, no usaremos ninguna sutileza, con tal de que tengáis dineros, porque la codicia jamás sale de nuestras barracas.

—Dineros traigo —respondió el joven—: en estas mangas de camisa que traigo ceñida por el cuerpo llevo cuatrocientos escudos de oro.

Este fue otro susto mortal que recibió Andrés, viendo que trayendo tanto dinero no era sino para conquistar o comprar su prenda; y, con lengua ya turbada, dijo:

—Buena cantidad es esa; no falta sino descubriros, y adelante, que la muchacha, que no es boba, verá cuánto le conviene ser vuestra.

—¡Ay amigo! —dijo en este punto el mozo—, quiero que sepáis que el motivo que me ha hecho cambiar de traje no es la del amor, que vos decís, ni el de desear a Preciosa, que mujeres hermosas tiene Madrid que pueden y saben robar los corazones y rendir las almas tan bien y mejor que las más hermosas gitanas, puesto que confieso que la hermosura de vuestra parienta aventaja a todas las que yo he visto. Quien me tiene en este traje, a pie y mordido de perros, no es el amor, sino una desgracia mía.

Con estas razones que el joven iba diciendo, iba Andrés cobrando los espíritus perdidos, pareciéndole que se encaminaban a otro lugar muy distinto del que él se imaginaba; y deseoso de salir de aquella confusión, volvió a reforzarle la seguridad con que podía descubrirse; y así, él prosiguió diciendo:

—«Yo estaba en Madrid en casa de un noble caballero, a quien servía no como señor, sino como pariente. Este tenía un hijo, único heredero suyo, el cual, tanto por parentesco como por ser ambos de la misma edad y condición, me trataba con familiaridad y gran amistad. Sucedió que este caballero se enamoró de una doncella principal, a quien él hubiera escogido de buenísima gana como esposa, si no hubiera tenido la voluntad sujeta, como buen hijo, a la de sus padres, que aspiraban a casarlo más altamente; pero, con todo eso, siempre estaba acechante de la todos los ojos que la deseaban para alejarlos de sus intentos. Y una noche llegó la desgracia que os contaré; pasando los dos por la puerta y calle de esta señora, vimos arrimados a ella dos hombres, al parecer, de buena hechura. Quiso reconocerlos mi pariente, y apenas se dirigió hacia ellos, cuando echaron rápidamente mano a las espadas y a dos escudos, y vinieron hacia nosotros, que hicimos lo mismo, y con iguales armas nos defendimos. Duró poco la lucha, porque no duró mucho la vida de los dos contrarios, que, de dos estocadas que guiaron los celos de mi pariente y la defensa que yo le hacía, las perdieron (caso extraño y pocas veces visto). Triunfando, pues, de lo que no quisiéramos, volvimos a casa, y, secretamente, tomando todos los dineros que pudimos, nos fuimos a San Jerónimo, esperando el momento en que se descubriese lo sucedido y las averiguaciones que se habían hecho sobre los matadores. Supimos que no había rastro alguno nuestro, y nos aconsejaron los prudentes religiosos que volviésemos a casa, y que no despertásemos con nuestra ausencia sospecha alguna. Y, ya que estábamos determinados a seguir su parecer, nos avisaron que los señores alcaldes de la Corte habían apresado en su casa a los padres de la doncella y a la propia doncella, y que entre otros criados a quien tomaron la confesión, una criada de la señora había contado cómo mi pariente paseaba a su señora de noche y de día; y que con este indicio habían acudido a buscarnos, y, no encontrándonos ni habiendo señales de nuestra fuga, se confirmó en la Corte que éramos nosotros los que habíamos matado a aquellos dos caballeros principales.

Finalmente, sabiéndolo el conde mi pariente, y unos religiosos, después de quince días que estuvimos escondidos en el monasterio, mi camarada, vestido con hábito de fraile, con otro fraile se fue a Aragón, con intención de pasar a Italia, y desde allí a Flandes, hasta ver en qué paraba el caso. Yo quise dividir y separar nuestra fortuna para que no corriese nuestra suerte por una misma derrota; seguí otro camino diferente al suyo, y, con trajes de mozo de fraile, a pie, salí con un religioso, que me dejó en Talavera; desde allí aquí he venido solo y fuera de camino, hasta que anoche llegué a este encinal, donde me ha sucedido lo que habéis visto. Y si pregunté por el camino de la Peña de Francia, fue por responder a algo de lo que se me preguntaba pues la verdad no sé dónde cae la Peña de Francia, de la que sé está más arriba de Salamanca».

—Es verdad —respondió Andrés—, y la habéis dejado a mano derecha, a casi veinte leguas de aquí; para que veáis qué derecho llevabais el camino si fuerais allá.

—A donde yo pensaba llegar —replicó el joven— no es sino a Sevilla; que allí tengo a un caballero genovés, gran amigo de mi pariente el conde, que suele enviar a Génova gran cantidad de plata, y llevo el encargo de que me acomode con los que la suelen llevar, como uno de ellos; y con esta estratagema seguramente podré pasar hasta Cartagena, y de allí a Italia, porque han de venir dos galeras muy pronto para embarcar esta plata. Esta es, buen amigo, mi historia: mirad si puedo decir que nace más de una pura desgracia que de amores aguados. Pero si estos señores gitanos quisiesen llevarme en su compañía hasta

Sevilla, si es que van allá, yo se lo pagaría muy bien; que entiendo que en su compañía iría más seguro, y no con el temor que ahora llevo.

—Sí que lo llevarán —respondió Andrés—; y si no fuera en nuestro campamento, porque hasta el momento no sé si va a Andalucía, iréis en otro con el que nos encontraremos dentro de dos días, y con darles algo de lo que lleváis, facilitaréis vuestra idea.

Le dejó Andrés, y fue a contar a los demás gitanos lo que el joven le había contado y lo que pretendía, con el ofrecimiento que hacía de la buena paga y recompensa. Todos pensaron debía quedarse en el campamento. Solamente Preciosa pensaba lo contrario, y la abuela dijo que ella no podía ir a Sevilla, ni a sus contornos, por culpa de la burla que hacía unos años le había hecho a un tramposo llamado Triguillos, muy conocido en la ciudad, al cual le había hecho meter en una tinaja de agua hasta el cuello, desnudo, y con una corona de ciprés en la cabeza, esperando el filo de la media noche para salir de la tinaja a cavar y sacar un gran tesoro que ella le había hecho creer que estaba en cierta parte de su casa. Dijo que, como oyó al tramposo tocar a maitines, por no perder la coyuntura, se dio tanta prisa en salir de la tinaja que dio con ella y con él en el suelo, y del golpe y con los cascos se magulló las carnes, se derramó el agua y él quedó nadando en ella, y dando voces de que se ahogaba. Acudieron su mujer y sus vecinos con luces, y lo hallaron haciendo como si nadara, soplando y arrastrando la barriga por el suelo, y moviendo los brazos y las piernas con mucha prisa, dando grandes voces: «¡Socorro, señores, que me ahogo!»; tal miedo tenía que verdaderamente pensó que se ahogaba. Lo agarraron y sacaron de aquel peligro, volvió en sí, contó la burla de la gitana, y, con todo eso, cavó en la parte señalada más de un estado en hondo, a pesar de todos cuantos le decían que era embuste mío; y si no se lo estorbara un vecino suyo, que tocaba ya en los cimientos de su casa, él diera con ambas en el suelo, si le dejaran cavar todo cuanto él quisiera. Se conoció este cuento por toda la ciudad, y hasta los muchachos le señalaban con el dedo y contaban su credulidad y mi embuste.

Esto contó la gitana vieja, y esto dio como excusa para no ir a Sevilla. Los gitanos, que ya sabían por Andrés Caballero que el mozo traía dineros en cantidad, con facilidad le acogieron en su compañía y se ofrecieron para protegerlo y encubrirlo todo el tiempo que quisiera, y determinaron torcer el camino a mano izquierda y entrar en la Mancha y en el reino de Murcia.

Llamaron al joven y le dieron noticia de lo que pensaban hacer por él; él se lo agradeció y le dio cien escudos de oro para que los repartiesen entre todos. Con este regalo se quedaron más blandos que unas martas; solo Preciosa no quedó muy contenta la quedada de don Sancho, que así dijo el mozo que se llamaba; pero los gitanos se lo cambiaron por el de Clemente, y así lo llamaron desde ese momento. También quedó un poco torcido Andrés, y no muy satisfecho de haberse quedado Clemente, por parecerle que con poco fundamento había dejado sus primeros designios. Pero Clemente, como si le leyera la intención, entre otras cosas le dijo que se alegraba de ir al reino de Murcia, por estar cerca de Cartagena, en donde si viniesen galeras, como él pensaba que vendrían, pudiese con facilidad pasar a Italia.

Finalmente, por traerle más ante los ojos y mirar sus acciones y escudriñar sus pensamientos, quiso Andrés que fuese Clemente su camarada, y Clemente tuvo esta amistad por gran favor que se le hacía. Andaban siempre juntos, gastaban largo, llovían escudos, corrían, saltaban, bailaban y tiraban la barra mejor que ninguno de los gitanos, y eran de las gitanas más que medianamente queridos, y de los gitanos en todo extremo respetados.

Dejaron, pues, Extremadura y entraron en la Mancha, y poco a poco fueron caminando al reino de Murcia. En todas las aldeas y lugares que pasaban había desafíos de pelota, de esgrima, de correr, de saltar, de tirar la barra y de otros ejercicios de fuerza, maña y ligereza, y de todos salían vencedores Andrés y Clemente, como de Andrés queda dicho. Y en todo este tiempo, que fue más de mes y medio, nunca tuvo Clemente ocasión, ni la buscó, de hablar con Preciosa, hasta que un día, estando juntos Andrés y ella, llegó él a la conversación, porque lo llamaron, y Preciosa le dijo:

—Desde que llegaste a nuestro campamento te conocí, Clemente, y me vinieron a la memoria los versos que en Madrid me diste; pero no quise decir nada, por no saber con qué intención venías; y, cuando supe de tu desgracia, me pesó en el alma, y se aseguró mi pecho, que estaba sobresaltado, pensando que como había don Juanes en el mundo, y se cambiaban por Andrés, así podía haber también don Sanchos que se cambiasen en otros nombres. Te hablo de esta manera porque Andrés me ha dicho que te ha contado quién es y cuál es la intención con la que se ha convertido en gitano —y era verdad—; Andrés te había hecho sabedor de toda su historia, para poderte comunicar sus pensamientos. Y no pienses que fue de poco provecho el conocerte, pues por lo que yo dije de ti, se facilitó tu acogida y admitirte en nuestra compañía, donde ruega a Dios te suceda todo el bien que aciertes a desearte. Me gustaría que este buen deseo me lo pagues no afeando a Andrés la bajeza de su intento, ni le pintes qué malo resulta insistir en ese estado; que, puesto que yo imagino que debajo de los candados de mi voluntad está la suya, todavía me pesaría verlo dar muestras, por mínimas que fuesen, de algún arrepentimiento.

A esto respondió Clemente:

—No pienses, Preciosa, que don Juan con ligereza de ánimo me descubrió quién era: primero le conocí yo, y primero me lo descubrieron sus ojos; primero le dije yo quién era, y primero le adiviné la prisión de su voluntad que tú señalas; y él, dándome el crédito que era razón que me diese, fio de mi secreto el suyo, y él es buen testigo si alabé su determinación y escogido uso; que no soy, Preciosa, de tan corto ingenio para que no alcance hasta dónde se extienden las fuerzas de la hermosura; y la tuya, por pasar de los límites extremos de belleza, es suficiente disculpa de los mayores errores, si es que deben llamarse errores los que se cometen con tan forzosas causas. Te agradezco, señora, lo que en mi defensa dijiste, y pienso pagártelo deseando que estos enredos amorosos salgan al final felices para que tú goces de tu Andrés, y Andrés de su Preciosa, conforme al gusto de sus padres, porque de tan hermosa pareja veamos en el mundo los más bellos brotes que pueda formar la bienintencionada naturaleza. Esto desearé yo, Preciosa, y esto le diré siempre a tu Andrés, y no otra cosa que le divierta de sus bien colocados pensamientos.

Con tales afectos dijo las razones pasadas Clemente, que estuvo en duda Andrés si las había dicho como enamorado o como hombre comedido; que la infernal enfermedad celosa es tan delicada, y de tal manera, que en los átomos del sol se pega, y de los que tocan a la cosa amada se fatiga el amante y se desespera. Pero, con todo esto, no tuvo celos confirmados, más fiado de la bondad de Preciosa que de la ventura suya, que siempre los enamorados se tienen por infelices en tanto que no alcanzan lo que desean. En fin, Andrés y Clemente eran camaradas y grandes amigos, asegurándolo todo la buena intención de Clemente y el recato y prudencia de Preciosa, que jamás dio ocasión a que Andrés tuviese celos.

Tenía Clemente sus puntas de poeta, como lo demostró en los versos que le dio a Preciosa, y Andrés se picaba un poco, y ambos eran aficionados a la música. Sucedió, pues, que, estando el campamento alojado en un valle distante cuatro leguas de Murcia, una noche, para entretenerse, sentados los dos, Andrés al pie de un alcornoque, y Clemente, al de una encina, cada uno con una guitarra, invitados por el silencio de la noche, comenzó Andrés a cantar y Clemente a responder estos versos:

ANDRÉS
Mira, Clemente, el estrellado velo
con que esta noche fría
compite con el día,
de luces bellas adornando el cielo;
y en esta semejanza,
si tanto tu divino ingenio alcanza,
aquel rostro figura
donde asiste el estremo de hermosura.

CLEMENTE
Donde asiste el estremo de hermosura,
y adonde la Preciosa

honestidad hermosa
con todo estremo de bondad se apura,
en un sujeto cabe,
que no hay humano ingenio que le alabe,
si no toca en divino,
en alto, en raro, en grave y peregrino.

ANDRÉS
En alto, en raro, en grave y peregrino
estilo nunca usado,
al cielo levantado,
por dulce al mundo y sin igual camino,
tu nombre, ¡oh, gitanilla!,
causando asombro, espanto y maravilla,
la fama yo quisiera
que le llevara hasta la octava esfera.

CLEMENTE
Que le llevara hasta la octava esfera
fuera decente y justo,
dando a los cielos gusto,
cuando el son de su nombre allá se oyera,
y en la tierra causara,
por donde el dulce nombre resonara,
música en los oídos
paz en las almas, gloria en los sentidos.

ANDRÉS
Paz en las almas, gloria en los sentidos
se siente cuando canta
la sirena, que encanta
y adormece a los más apercebidos;

y tal es mi Preciosa,
que es lo menos que tiene ser hermosa:
dulce regalo mío,
corona del donaire, honor del brío.

CLEMENTE
Corona del donaire, honor del brío
eres, bella gitana,
frescor de la mañana,
céfiro blando en el ardiente estío;
rayo con que Amor ciego
convierte el pecho más de nieve en fuego;
fuerza que ansí la hace,
que blandamente mata y satisface.

Señales iban dando de no acabar tan presto el libre y el cautivo, si no sonara a sus espaldas la voz de Preciosa, que las suyas había escuchado. Los sorprendió el oírla, y, sin moverse, prestándola maravillosa atención, la escucharon. Ella (o no sé si de improviso, o si en algún tiempo los versos que cantaba le compusieron), con extremada gracia, como si para responderles fueran hechos, cantó los siguientes:

En esta empresa amorosa,
donde el amor entretengo,
por mayor ventura tengo
ser honesta que hermosa.
La que es más humilde planta,
si la subida endereza,
por gracia o naturaleza
a los cielos se levanta.
En este mi bajo cobre,
siendo honestidad su esmalte,

no hay buen deseo que falte
ni riqueza que no sobre.
No me causa alguna pena
no quererme o no estimarme;
que yo pienso fabricarme
mi suerte y ventura buena.
Haga yo lo que en mí es,
que a ser buena me encamine,
y haga el cielo y determine
lo que quisiere después.
Quiero ver si la belleza
tiene tal prerrogativa,
que me encumbre tan arriba,
que aspire a mayor alteza.
Si las almas son iguales,
podrá la de un labrador
igualarse por valor
con las que son imperiales.
De la mía lo que siento
me sube al grado mayor,
porque majestad y amor
no tienen un mismo asiento.

Aquí dio fin Preciosa a su canto, y Andrés y Clemente se levantaron a recibirla. Pasaron entre los tres discretas razones, y Preciosa descubrió en las suyas su discreción, su honestidad y su agudeza, de tal manera que en Clemente halló disculpa la intención de Andrés, que aún hasta entonces no le había hallado, juzgando más a mocedad que a cordura su arrojada determinación.

Una mañana se levantó el campamento y se fueron a alojar en un lugar de la jurisdicción de Murcia, a tres leguas de la ciudad, en donde le sucedió a Andrés una desgracia por la que estuvo a punto de perder la vida; fue que, después de haber dado en aquel lugar algunos vasos y prendas de plata como fianza, tal y como tenían por costumbre, Preciosa, su abuela, y Cristina con otras dos gitanillas, y los dos, Clemente y Andrés, se alojaron en un mesón de un viuda rica que tenía una hija de diecisiete o dieciocho años, algo más desenvuelta que hermosa, y, por más señas, se llamaba Juana Carducha. Esta, habiendo visto bailar a las gitanas y gitanos, la poseyó el diablo, y decidió casarse con Andrés si él quería, aunque a todos sus parientes les pesara; y así, buscó el momento para decírselo y lo encontró en un corral, en el Andrés había entrado a examinar a dos burros. Llegó hasta él con prisa, para no ser vista, y le dijo:

—Andrés —pues ya sabía su nombre—, soy doncella y rica; mi madre no tiene otro hijo nada más que a mí, y este mesón es suyo, y además de esto, tiene muchos viñedos, y otros dos pares de casas. Me has parecido bien: si me quieres por esposa, para ti soy; respóndeme enseguida, y si eres discreto, quédate, y verás qué vida nos damos.

Admirado quedó Andrés de la resolución de la Carducha, y con la rapidez que ella pedía le respondió:

—Señora, yo tengo un compromiso para casarme, y los gitanos solo nos casamos con gitanas: guárdela Dios por el favor que me quería hacer, de quien yo no soy digno.

A punto estuvo la Carducha de caerse muerta con la rápida respuesta de Andrés, a quien hubiera replicado de no ver que entraban en el corral otras gitanas. Salió de allí corriendo y agobiada, y deseando vengarse si hubiera podido. Andrés, como persona discreta, pensó poner tierra de por medio, y alejarse de aquella ocasión que el diablo le ofrecía, y por eso pidió a los gitanos que esa noche partiesen de aquel lugar. Ellos, que siempre le obedecían, lo pusieron en práctica, y recobrando sus fianzas, aquella tarde, se fueron.

La Carducha, que sabía que si Andrés se iba, se le iba la mitad de su alma y que no le quedaba tiempo para exigir se cumplieran sus deseos, ordenó que Andrés se quedara a la fuerza, ya que por su gusto no podía; y así, con intención, astucia y secreto, puso entre las alhajas de Andrés, que ella reconoció como suyas, unos ricos corales y dos patenas de plata, con otras joyas suyas, y apenas habían salido del mesón, cuando comenzó a gritar, diciendo que los gitanos le habían robado sus joyas; a cuyas voces acudió la justicia y la gente del pueblo. Los gitanos se detuvieron, y juraron que no habían robado nada y que enseñarían el contenido de los sacos y repuestos de su campamento. De esto se apenó mucho la gitana vieja, temiendo que en aquella muestra salieran a relucir los relicarios de Preciosa y los vestidos de Andrés, que ella con gran cuidado y recato guardaba; pero la Carducha lo remedió rápidamente, porque en el segundo envoltorio que miraron dijo que preguntasen cuál era el de aquel gitano bailador; que ella lo había visto entrar en su aposento dos veces, y que podría ser que él las llevase. Entendió Andrés que por él lo decía, y riéndose, dijo:

—Señora, esta es mi recámara y este es mi pollino: tanto si encontráis o no en ella lo que os falta, yo os pagaré siete veces su valor, eso antes que someterme al castigo que la ley da a los ladrones.

Acudieron luego los ministros de la justicia a registrar el burro, y en poco tiempo dieron con el robo quedándose tan espantado Andrés y tan asombrado, que parecía una estatua de piedra y sin voz.

—¿No sospeché yo bien? — dijo entonces la Carducha—. ¡Mirad qué buena cara encubre a un ladrón tan grande!

El alcalde, que estaba presente, comenzó a decir mil injurias a Andrés y a todos los gitanos, llamándolos públicamente ladrones y salteadores de caminos. Andrés callaba, sorprendido y un tanto fuera de sí, sin entender la traición de la Carducha. En esto, llegó hasta él un soldado osado, sobrino del alcalde, diciendo:

—¿No veis cómo se ha quedado el gitanico harto de robar? Apuesto a que niega el hurto, aunque le hayamos sorprendido con las manos llenas. ¡Mejor sería que las tuviera presas en las galeras, sirviendo a su majestad, que no sueltas bailando de lugar en lugar y robando de venta sin parar! A fe de soldado, que estoy por darle una bofetada que lo tire a mis pies.

Y sin más alzó la mano, y le dio un bofetón, tal, que le hizo volver de su embelesamiento y le hizo acordar que no era Andrés Caballero, sino don Juan y caballero; y arremetiendo contra el soldado, con mucha rapidez y mayor cólera, le arrancó su propia espada de la vaina y se la clavó en el cuerpo, cayendo muerto.

Aquí fue el griterío del pueblo; aquí el afligirse el alcalde; aquí desmayarse Preciosa, y turbarse Andrés al verla desmayada; aquí el acudir todos a las armas e ir tras el homicida. Creció la confusión, crecieron los gritos, y por acudir Andrés al desmayo de Preciosa, dejó de acudir a su defensa; y quiso la suerte de que Clemente no se encontrase en este desastroso suceso, quien, con sus cosas, ya había salido del pueblo; finalmente, tanta gente cargó sobre Andrés, que lo apresaron y lo cargaron con dos cadenas muy gruesas. Bien quiso el alcalde ahorcarlo enseguida, si hubiera estado en su mano; pero tuvo que enviarlo a Murcia, por ser de su jurisdicción. No se lo llevaron hasta otro día, y el que estuvo allí pasó Andrés muchos martirios e insultos, que el indignado alcalde, y sus ministros, y todos los del lugar le hicieron. Apresó el alcalde a todos los gitanos y gitanas que pudo, porque la mayoría huyeron, entre ellos Clemente, que temió ser descubierto y apresado.

Finalmente, con la instrucción del caso y con una gran multitud de gitanos, entraron en Murcia el alcalde y sus ministros junto a mucha gente armada, además de Preciosa y del pobre Andrés, cargado de cadenas y esposas. Toda Murcia salió para ver a los presos, pues ya se sabía la noticia de la muerte del soldado. Pero la hermosura de Preciosa aquel día fue tanta, que todo el que la miraba, la bendecía, llegando la noticia de su belleza a los oídos de la corregidora que, sintiendo curiosidad por verla, hizo que su marido, el corregidor, ordenase que aquella gitanita no entrase en la cárcel y sí todos los demás. A Andrés lo encerraron en un estrecho calabozo, cuya oscuridad y la falta de la luz de Preciosa, le trataron de manera que bien pensó no salir de allí nada más que para la sepultura. Llevaron a Preciosa con su abuela a que la corregidora la viese, y así como la vio dijo:

—Con razón la alaban como mujer hermosa.

Y llegando hasta ella, la abrazó tiernamente sin hartase de mirarla, y entonces le preguntó a su abuela qué edad tendría aquella niña.

—Quince años —respondió la gitana—, dos meses más a menos.

—Esos tendría ahora mi pobre Constanza. ¡Ay, amigas, esta niña me ha renovado mi desventura! —dijo la corregidora.

Cogió en esto Preciosa las manos de la corregidora, y besándoselas muchas veces, se las bañó con lágrimas diciéndole:

—Señora mía, el gitano preso no tiene culpa, porque fue provocado: le llamaron ladrón, y no lo es y le dieron un bofetón en su rostro, que es el lugar en el que él descubre la bondad de su ánimo. Por Dios y por quien vos sois, señora, pido que le hagáis aguardar su justicia, y que el señor corregidor no se dé prisa en que él cumpla el castigo con el que las leyes le amenazan; y si algún agrado os ha dado mi hermosura, usadla para entretener al preso, porque en el fin de su vida está el de la mía. Él tiene que ser mi esposo, y justos y honestos impedimentos han impedido que hasta ahora no nos hayamos dado las manos. Si dineros fueren necesarios para alcanzar perdón de la parte, todo nuestro campamento se venderá en pública subasta, y se dará aún más de lo que pidiesen. Señora mía, si sabéis qué es amor, si hace algún tiempo que lo tuviste, y ahora tenéis a vuestro esposo, doleos de mí, que amo tierna y honestamente al mío.

En todo el tiempo en que esto decía, nunca dejó de darle las manos, ni apartó los ojos de ella, mirándola atentísimamente, derramando amargas y piadosas lágrimas en mucha abundancia. Asimismo, la corregidora la tenía asida a las suyas, mirándola ni más ni menos con no menor ahínco y con no pocas lágrimas. En esto, entró el corregidor, y hallando a su mujer y a Preciosa llorosas y abrazadas, se quedó sorprendido, tanto por el llanto como por la hermosura; preguntó la causa de aquel sentimiento, y la respuesta que dio Preciosa fue soltar las manos de la corregidora y echarse a los pies del corregidor, diciéndole:

—¡Señor, misericordia, misericordia! ¡Si mi esposo muere, yo muero también! Él no tiene culpa; pero si la tuviera, deme a mí la pena; y si esto no puede ser, por lo menos, suspenda el pleito hasta que se encuentren los medios posibles para su remedio; que puede ser que, quien no pecó de malicia, le envíe el cielo la salud de la gracia.

Con nueva suspensión quedó el corregidor al oír las discretas razones de la gitanilla, a la que ya, para no dar indicios de flaqueza, le acompañaba sus lágrimas. Mientras que esto sucedía, estaba la gitana vieja considerando grandes, muchas y diversas cosas, y al cabo de esta suspensión e imaginación, dijo:

—Espérenme vuesas mercedes, señores míos, un poco; que yo haré que estos llantos se conviertan en risa, aunque a mí me cueste la vida.

Y así, con ligero paso se salió de donde estaba, dejando a los presentes confusos con lo que había dicho.

Mientras que ella volvía, Preciosa nunca dejó las lágrimas ni los ruegos de que se detuviera la causa de su esposo, con intención de avisar a su padre para que viniese. Volvió la gitana con un pequeño cofre debajo del brazo, y dijo al corregidor que junto a su mujer y con ella entraran a un cuarto; que tenía grandes cosas que contarles en secreto. El corregidor, creyendo que quería descubrir algunos hurtos de los gitanos, al momento se retiró con ella y con su mujer en su recámara, en donde la gitana, hincándose de rodillas ante los dos, les dijo:

—Si con las buenas noticias que les quiero dar, señores, no merezco alcanzar el perdón de un gran pecado que cometí, aquí estoy para recibir el castigo que quisierais darme; pero antes de que lo confiese quiero saber, señores, si conocéis estas joyas.

Y descubriendo un pequeño cofre en donde venían las de Preciosa, se lo puso en las manos al corregidor, y abriéndolo, vio unos relicarios infantiles; pero no cayó en lo que podían significar. Los miró también su esposa, pero tampoco ella cayó en la cuenta; tan solo dijo:

—Estos son adornos de alguna pequeña criatura.

—Es verdad —dijo la gitana—; y de qué criatura sean lo dice ese escrito que está en ese papel doblado.

Lo abrió con prisa el corregidor, y leyó lo siguiente:

«Se llamaba la niña doña Constanza de Azevedo y de Meneses; su madre, doña Guiomar de Meneses, y su padre, don Fernando de Azevedo, caballero del hábito de Calatrava. La hice desaparecer el día de la Ascensión del Señor, a las ocho de la mañana, del año de mil quinientos noventa y cinco. Traía la niña puestas estas joyas que en este cofre están guardadas».

Apenas hubo oído la corregidora las razones que decía el papel, cuando reconoció los adornos, se los acercó a la boca y, dándoles infinitos besos, cayó desmayada. Acudió a ella el corregidor, antes que preguntarle a la gitana por su hija, y cuando volvió su esposa en sí, dijo:

—Mujer buena, antes ángel que gitana, ¿dónde está la dueña, digo, la criatura de quien eran estos relicarios?

—¿Dónde, señora? —respondió la gitana—. En vuestra casa: aquella gitanilla que os sacó las lágrimas de los ojos es su dueña, y es, sin duda alguna, vuestra hija; que yo la robé en Madrid de vuestra casa el día y la hora en el que ese papel dice.

Oyendo esto la turbada señora, soltó los chapines, y presurosa, salió corriendo a la sala en donde había dejado a Preciosa, y la encontró rodeada de sus doncellas y criadas, todavía llorando; fue hasta ella, y sin decirle nada, con gran prisa le desabrochó el pecho y miró si tenía una señal pequeña, a modo de lunar blanco, con el que había nacido, y lo encontró ya grande pues con el paso del tiempo se había dilatado. Luego, con la misma rapidez, la descalzó, y descubrió un pie de nieve y de marfil, torneado, y vio lo que buscaba; que los dos dedos últimos del pie derecho se trababan uno con el otro por medio de un poquito de carne, la cual, cuando niña, nunca se la habían querido cortar, por no darle pesadumbre. El pecho, los dedos, los brincos, el día señalado del hurto, la confesión de la gitana, y el sobresalto y alegría que habían recibido sus padres cuando la vieron, con toda verdad confirmaron en el alma de la corregidora que Preciosa era su hija; y así, cogiéndola en sus brazos, se volvió con ella adonde el corregidor y la gitana estaban.

Iba Preciosa confundida, sin saber qué efecto se habían hecho con ella aquellas diligencias, y más viéndose llevar en brazos de la corregidora, y que le daba de un beso hasta ciento. Llegó, en fin, con la preciosa carga doña Guiomar a la presencia de su marido, y trasladándola de sus brazos a los del corregidor, le dijo:

—Recibid, señor, a vuestra hija Constanza; que ella es sin duda: no lo dudéis, señor, en ningún modo; he visto la señal de los dedos juntos y la del pecho, y, además, me lo está diciendo el alma desde el instante que mis ojos la vieron.

—No lo dudo —respondió el corregidor, teniendo en sus brazos a Preciosa—; que los mismos efectos han pasado por la mía que por la vuestra; y más, que tantas puntualidades juntas, ¿cómo podían suceder, si no fuera por un milagro?

Toda la gente de casa andaba absorta, preguntándose unos a otros qué sería todo aquello, y nadie atinaba; ¿quién había de imaginar que la gitanilla era hija de sus señores?

El corregidor dijo a su mujer, a su hija, y a la gitana vieja que aquel caso estuviese en secreto hasta que él lo pudiese destapar; y asimismo dijo a la vieja que él perdonaba el agravio que le había hecho hurtándole el alma, pues la recompensa de habérsela devuelto merecía las mayores enhorabuenas, y que solo le pesaba que, sabiendo ella la calidad de Preciosa, la hubiese casado con un gitano, que además era ladrón y homicida.

—¡Ay! —dijo Preciosa—, señor mío, que ni es gitano ni ladrón, aunque sea matador. Pero lo fue del que le quitó la honra, y no pudo hacer otra cosa que demostrar quién era, y matarle.

—¿Cómo que no es gitano, hija mía? —dijo doña Guiomar.

Entonces la gitana vieja contó brevemente la historia de Andrés Caballero, o hijo de don Francisco de Cárcamo, caballero de la Orden de Santiago, y que se llamaba don Juan de Cárcamo, también de la misma Orden, cuyos vestidos ella tenía cuando los cambió por los de gitano. Contó también el acuerdo entre Preciosa y don Juan de aguardar dos años de aprobación para casarse o no; habló también de la honestidad de ambos y la agradable condición de don Juan. Tanto se admiraron por esto como del hallazgo de su hija, y mandó él corregidor a la gitana que fuera a por los vestidos de don Juan. Ella lo hizo así, y regresó con otro gitano que los trajo.

En tanto que ella iba y volvía, hicieron sus padres a Preciosa cien mil preguntas, a quien respondió con tanta discreción y gracia que, aunque no la hubieran reconocido como hija, los enamorara. Le preguntaron si tenía alguna afición a don Juan. Respondió que no más que la que le obligaba a ser agradecida con quien se había querido humillar siendo gitano por ella; pero que ya no se extendería a más el agradecimiento de aquello que sus señores padres quisiesen.

—Calla, hija Preciosa —dijo su padre— (que este nombre de Preciosa quiero que se te quede, en memoria de tu pérdida y de tu hallazgo); yo, como tu padre, tomo a cargo el ponerte en estado que no desdiga de quién eres.

Suspiró oyendo esto Preciosa, y su madre, como era discreta, entendió que suspiraba por lo enamorada que estaba de don Juan, y dijo a su marido:

—Señor, siendo tan principal don Juan de Cárcamo como lo es, y queriendo tanto a nuestra hija, no nos estaría mal dársela por esposa.

Y él respondió:

—Hoy la hemos encontrado, ¿y ya queréis perderla? Disfrutémosla algún tiempo; que casándose, no será nuestra, sino de su marido.

—Razón tenéis, señor —respondió ella—; pero dad orden de liberar a don Juan, que debe de estar en algún calabozo.

—Sí que estará —dijo Preciosa—; que a un ladrón, matador, y, sobre todo gitano, no le habrán dado mejor aposento.

—Yo quiero ir a verlo para confesarlo —respondió el corregidor—, y de nuevo os encargo, señora, que nadie conozca esta historia hasta que yo lo quiera.

Y abrazando a Preciosa, fue luego a la cárcel y entró en el calabozo donde don Juan estaba, y no quiso que nadie entrase con él. Lo halló con ambos pies en un cepo[15] y con las manos esposadas. La estancia era oscura, pero hizo que por arriba se abriera una claraboya por donde entraba luz, aunque muy escasa, y así como le vio, le dijo:

—¿Cómo está la buena pieza? ¡Que así tuviera yo enjaulados a cuantos gitanos hay en España para acabar con ellos en un día, como Nerón quisiera con Roma, sin dar más de un golpe. Sabed ladrón suspicaz que yo soy el corregidor de esta ciudad y vengo a saber si es verdad que vuestra esposa es una gitanilla que viene con vosotros.

Oyendo esto Andrés imaginó que el corregidor se debía haber enamorado de Preciosa: que los celos son cuerpos sutiles y entran por otros cuerpos, sin romperlos, apartarlos ni dividirlos, pero con todo esto, respondió:

—Si ella ha dicho que yo soy su esposo, es verdad, y si ha dicho que no lo soy, también ha dicho la verdad, porque no es posible que Preciosa diga mentira.

—¿Tan verdadera es? —respondió el corregidor— Es mucho para ser gitana. Ahora bien, muchacho, ella ha dicho

---

[15] Madera larga que se cierra sobre dos agujeros ajustados a las dimensiones y distancia de los pies (Diccionario de Autoridades).

que es vuestra esposa, pero que nunca os ha dado la mano. Ha sabido que según es vuestra culpa, habéis de morir por ella, y me ha pedido que antes de vuestra muerte, la case con vos, porque se quiere honrar quedándose viuda de tan gran ladrón como vos.

—Hágalo, señor corregidor, tal como ella lo suplica; que como yo me despose con ella, iré contento a la otra vida.

—¡Mucho la debéis querer! —dijo el corregidor.

—Tanto —respondió el preso—. En fin, señor corregidor, terminemos. Yo maté al que me quiso quitar la honra; yo adoro a esa gitana; moriré contento si muero en su gracia, y sé que no nos ha de faltar la de Dios, pues ambos habremos guardado honestamente y con puntualidad lo que nos prometimos.

—Pues esta noche enviaré por vos —dijo el corregidor—, y en mi casa os desposaréis con Preciosica, y mañana a medio día estaréis en la horca; con lo que yo habré cumplido con lo que pide la justicia y con el deseo de ambos.

Se lo agradeció Andrés, y el corregidor volvió a su casa y dio cuenta a su mujer de lo que había pasado con don Juan, y de otras cosas que pensaba hacer.

En el tiempo que él faltó dio cuenta Preciosa a su madre de todo el discurso de su vida, y de cómo siempre había creído ser gitana y ser nieta de aquella vieja; pero que siempre se había estimado en mucho más de lo que de ser gitana se esperaba. Le preguntó su madre que le dijese la verdad, si quería bien a don Juan de Cárcamo. Ella, con vergüenza y con los ojos en el suelo, le dijo que por haberse considerado gitana, y que mejoraba su suerte con casarse con un caballero tan principal como don Juan de

Cárcamo, y por haber visto por experiencia su buena condición y honesto trato, alguna vez lo había mirado con buenos ojos; pero que, en resumen, ya había dicho que no tenía otra voluntad que la que ellos quisiesen.

Llegó la noche, y siendo casi las diez, sacaron a Andrés de la cárcel, sin las esposas y el contrafuerte; pero no sin una cadena grande que, desde los pies, le ceñía todo el cuerpo. Llegó de este modo a casa del corregidor, sin ser visto solamente por los que le traían, y en silencio, lo llevaron a un cuarto donde le dejaron solo. Al rato entró un clérigo y le dijo que se confesase, porque iba a morir al día siguiente. A lo que respondió Andrés:

—De muy buena gana me confesaré, pero ¿por qué no me desposan primero?

Doña Guiomar, que todo esto sabía, dijo a su marido que eran demasiados los sustos que le estaban dando a don Juan; que los moderase, porque podría ser que perdiera la vida con ellos. Le pareció buen consejo al corregidor, y entró a llamar al que le confesaba, y le dijo que primero habría que casar al gitano con Preciosa, la gitana, y que después se confesaría, y que se encomendase a Dios de todo corazón, que muchas veces suele llover sus misericordias en el tiempo que están más secas las esperanzas.

En efecto, salió a una sala donde estaban solamente doña Guiomar, el corregidor, Preciosa y otros dos criados de la casa. Pero cuando Preciosa vio a don Juan encadenado, con el rostro descolorido y los ojos dando muestras de haber llorado, se le nubló el corazón, y se arrimó al brazo de su madre, que junto a ella estaba, quien, abrazándola, le dijo:

—Vuelve en ti, niña; que todo lo que ves ha de redundar en tu gusto y provecho.

Ella, que desconocía esto, no sabía cómo consolarse, y la gitana vieja estaba turbada, y los demás, en suspenso, esperando alguna cosa.

El corregidor dijo:

—Señor sacerdote auxiliar[16], este gitano y esta gitana son los que vuesa merced ha de desposar.

—Eso no podré yo hacerlo si no preceden primero las circunstancias que para el caso se requieren. ¿Dónde se han hecho las amonestaciones? ¿Dónde está la licencia de mi superior para que con ellas se haga el casamiento?

—No he tenido en cuenta estos inconvenientes —dijo el corregidor— pero yo haré que el vicario la dé.

—Pues, entonces, hasta que la vea —respondió el cura—; estos señores perdonen.

Y sin replicar más palabras, para que no sucediera ningún escándalo, salió de la casa, dejándolos a todos confundidos.

—El padre ha hecho muy bien —dijo entonces el corregidor— y podría ser cosa del cielo esto para que el suplicio de Andrés se aplace, porque, en efecto, él se tiene que casar con Preciosa y han de preceder primero las amonestaciones, donde se dará tiempo al tiempo, que suele dar dulce salida a muchas amargas dificultades; y con todo esto quería saber de Andrés, si la suerte encaminase sus sucesos de manera que, sin estos sustos y sobresaltos, se

---

[16] En el original «Señor tiniente cura».

hallase esposo de Preciosa, si se tendría por dichoso, ya siendo Andrés Caballero, o ya don Juan de Cárcamo.

Así como oyó Andrés su nombre, dijo:

—Preciosa no ha querido contenerse en los límites del silencio, y ha descubierto quién soy, aunque esa buena dicha me hallara hecho monarca del mundo, la tuviera en tanto, que pusiera término a mis deseos, sin querer otro bien sino el del cielo.

—Pues, por ese buen ánimo que habéis demostrado, señor don Juan de Cárcamo, a su momento haré que Preciosa sea vuestra legítima consorte, y ahora os la doy y entrego en esperanza, por la más rica joya de mi casa, de mi vida, y de mi alma; estimadla en lo que decís, porque en ella os entrego a doña Constanza de Meneses, mi única hija, la cual, si os iguala en el amor, no os desdice nada en el linaje.

Atónito quedó Andrés viendo el amor que le mostraban, y en breves razones doña Guiomar contó la pérdida de su hija y su hallazgo, con las certísimas señas que la gitana vieja había dado de su hurto; con eso acabó don Juan de quedarse atónito y sorprendido, pero sobre todo alegre: abrazó a sus suegros; los llamó padres y señores suyos; besó las manos de Preciosa, que con lágrimas le pedía las suyas. Se rompió el secreto, salió la noticia del caso con la salida de los criados que habían estado presentes.

Se puso don Juan los vestidos de paseo que allí había traído la gitana; se devolvieron las prisiones y cadenas de hierro en libertad y cadenas de oro; la tristeza de los gitanos presos, en alegría, pues otro día los dieron en fiado. Recibió el tío del muerto la promesa de dos mil ducados, que le hicieron porque retirase la querella y perdonase a don

Juan, el cual, no olvidándose de su camarada Clemente, le hizo buscar, pero no le hallaron ni supieron de él, hasta que en cuatro días tuvo noticias seguras de que se había embarcado en una de las dos goletas de Génova que estaban en el puerto de Cartagena, y ya habían partido.

Dijo el corregidor a don Juan que tenía por noticia cierta que su padre don Francisco de Cárcamo estaba proveído por el corregidor de aquella ciudad, y que sería bueno esperarlo, para que con su beneplácito y consentimiento se hiciesen las bodas. Don Juan dijo que no saldría de lo que él ordenase; pero que, ante todo, se tenía que casar con Preciosa. Concedió licencia el arzobispo para que con solo una amonestación se hiciese. Hizo fiestas la ciudad, por ser muy bien quiso el corregidor, con lumbres, toros y cucañas el día del casamiento; se quedó la gitana vieja en casa; que no se quiso apartar de su nieta Preciosa.

Llegaron a la Corte las noticias del caso y de la boda de la gitanilla; supo don Francisco de Cárcamo que su hijo era el gitano, y Preciosa, la gitanilla que él había visto, cuya hermosura disculpó la liviandad de su hijo, al que ya tenía por perdido sabiendo que no se había ido a Flandes; y, sobre todo, porque vio qué bien le sentaba el casarse con la hija de tan gran y rico caballero como era don Fernando de Azevedo. Dio prisa a su partida, por llegar pronto a ver a sus hijos, y a los veinte días ya estaba en Murcia, a cuya llegada se renovaron los votos, se hicieron las bodas, se contaron las vidas, y los poetas de la ciudad, que hay algunos, y muy buenos, tomaron a cargo celebrar el extraño caso, juntamente con la sin igual belleza de la gitanilla. Y de tal manera escribió el famoso licenciado Pozo, que en sus versos durará la fama de Preciosa mientras los siglos durasen.

Se me olvidaba decir cómo la mesonera descubrió a la justicia que no era verdad lo del robo de Andrés, el gitano, y confesó su culpa, a quien no correspondió pena alguna, porque en la alegría del descubrimiento de los esposos, se enterró la venganza y resucitó la clemencia.

◆ 5 ◆

LA ILUSTRE FREGONA

En Burgos, ciudad ilustre y famosa, no hace muchos años que en ella vivían dos caballeros principales y ricos: uno se llamaba don Diego de Carriazo y el otro, don Juan de Avendaño. Don Diego tuvo un hijo, a quien llamó con su mismo nombre, y don Juan otro, a quien puso por nombre don Tomás de Avendaño. A estos dos caballeros mozos, como quien han de ser las principales personas de este cuento, por escusar y ahorrar letras, los llamaremos con solos los nombres de Carriazo y de Avendaño.

Trece años, o poco más, tendría Carriazo cuando, llevado de una inclinación picaresca, sin forzarle a ello algún mal tratamiento que sus padres le hiciesen, solo por su gusto y antojo, se desgarró, como dicen los muchachos, de casa de sus padres, y se fue por ese mundo adelante, tan contento de la vida libre, que, en la mitad de las incomodidades y miserias que trae consigo, no echaba menos la abundancia de la casa de su padre, ni el andar a pie le cansaba, ni el frío le ofendía, ni el calor le enfadaba. Para él todos los tiempos del año le eran dulce y templada primavera; tan bien dormía en parvas como en colchones; con tanto gusto se acomodaba[17] en

---

[17] En el original «soterraba», «ponerse debajo de tierra».

un pajar de un mesón, como si se acostara entre dos sábanas de Holanda. Finalmente, él salió tan bien con el tema[18] de pícaro, que pudiera leer cátedra en la facultad al famoso de Alfarache.

En tres años que tardó en aparecer y volver a su casa, aprendió a jugar a la taba en Madrid, y al rentoy[19] en las Ventillas de Toledo, y a presa y pinta en pie[20] en las barbacanas[21] de Sevilla; pero, con serle anejo a este género de vida la miseria y estrechez, se mostraba Carriazo como un príncipe en sus cosas: a tiro de escopeta, en mil detalles, demostraba ser bien nacido, porque era generoso y bien partido con sus camaradas. Visitaba pocas veces las tabernas[22], y, aunque bebía vino, era tan poco que nunca pudo entrar en el número de los que llaman desgraciados, que, con alguna cosa que beban, luego se les pone el rostro como si se le hubiesen blanqueado con bermellón y almagre[23]. En fin, en Carriazo vio el mundo a un pícaro virtuoso, limpio, bien criado y más que medianamente discreto. Pasó por todos los grados de la picaresca hasta que se graduó de maestro en las almadrabas de Zahara de

---

[18] En el original «asumpto», «tema, materia».

[19] Juego de cartas que se hace entre dos, cuatro, seis u ocho personas, en el que se reparten tres cartas y se roba; el dos es la de mayor valor en cada palo y se permiten señas entre los compañeros.

[20] La expresión **presa y pinta** se refiere a una acción en el contexto de un **juego de naipes**, donde en ocasiones se detiene el juego para realizar alguna jugada o estrategia específica.

[21] Muro bajo con que se suelen rodear las plazuelas que algunas iglesias tienen alrededor de ellas o delante de alguna de sus puertas.

[22] En el original «ermitas de Baco».

[23] Distintas tonalidades de rojo, más o menos intenso.

los Atunes, donde está el último extremo[24] de la picaresca, el no va más.

¡Oh pícaros de cocina, sucios, gordos y lucios; pobres fingidos, tullidos falsos, ruines[25]de Zocodover[26] y de la plaza de Madrid, vistosos rezadores, mozos de espuerta de Sevilla[27], criados del hampa, con toda la categoría innumerable que se encierra debajo del nombre de pícaro!, bajad el toldo, amainad el brío, no os llaméis pícaros si no habéis cursado dos cursos en la academia de la pesca de los atunes. ¡Allí, allí, que está en su centro el trabajo junto con la haraganería! Allí está la suciedad limpia, la gordura rolliza, el hambre rápido, la hartura abundante, sin disfraz el vicio, el juego siempre, las pendencias por momentos, las muertes por puntos, las pullas a cada paso, los bailes como en las bodas, las seguidillas como en estampa, los romances con estribos, la poesía sin acciones. Aquí se canta, allí se reniega, allá se riñe, acá se juega, y por todo se hurta. Allí campea la libertad y luce el trabajo; allí van o envían muchos padres principales a buscar a sus hijos y los encuentran; y tanto sienten sacarlos de aquella vida como si los llevaran a dar muerte.

Pero toda esta dulzura que he pintado tiene un amargo purgante[28] que la amarga, y es no poder dormir un sueño seguro, sin el temor de que en un instante los trasladan

---

[24] En el original «finibusterrae».

[25] En el original «cicateruelos».

[26] Zocodover, mercado de animales de carga en la ciudad de Toledo.

[27] En el original «mandilejos».

[28] En el original «acíbar».

de Zahara a Berbería[29]. Por esto, por las noches se recogen en unas torres de la marina, y tienen sus atajadores y centinelas, en confianza de cuyos ojos cierran ellos los suyos, puesto que tal vez ha sucedido que centinelas y atajadores, pícaros, mayorales, barcos y redes, con toda la turbamulta que allí se ocupa, han anochecido en España y amanecido en Tetuán. Pero no fue parte este temor para que nuestro Carriazo dejase de acudir allí tres veranos a darse buen tiempo. El último verano tuvo tan buena suerte que ganó a los naipes cerca de setecientos reales, con los cuales quiso vestirse y volverse a Burgos, y a los ojos de su madre, que habían derramado por él muchas lágrimas. Se despidió de sus amigos, que los tenía muchos y muy buenos; les prometió que el verano siguiente regresaría con ellos, si la enfermedad o la muerte no lo impidiese. Dejó con ellos la mitad de su alma, y todos sus deseos entregó a aquellas secas arenas, que a él le parecían más frescas y verdes que los Campos Elíseos. Y, por estar ya acostumbrado a caminar a pie, tomó el camino y sobre dos alpargatas, llegó desde Zahara hasta Valladolid cantando «Tres ánades, madre»[30] . Estuvo allí quince días para cambiar un poco el color del rostro, cambiándolo de mulato a flamenco, y para reponerse[31] y sacarse del borrador de pícaro y ponerse en limpio el de caballero.

Todo esto hizo según y como le dieron comodidad quinientos reales con que llegó a Valladolid; y aun de ellos reservó

---

[29] Término usado por los europeos desde el siglo XVI hasta el XIX para referirse a las zonas costeras de Marruecos, Argelia, Túnez y Libia.

[30] Expresión que se usaba para dar a entender que alguien camina alegremente y sin sentir fatiga.

[31] En el original «trastejarse».

cien para alquilar una mula y un mozo, con los que se presentó a sus padres honrado y contento. Ellos le recibieron con mucha alegría, y todos sus amigos y parientes vinieron a darles el parabién de la buena venida del señor don Diego de Carriazo, su hijo. Es de advertir que, en su peregrinación, don Diego cambió el nombre de Carriazo por el de Urdiales, y con este nombre se hizo llamar por todos los que no sabían el suyo. Entre los que vinieron a ver al recién llegado, estaban don Juan de Avendaño y su hijo don Tomás, con quien Carriazo, por ser ambos de la misma edad y vecinos, trabó y confirmó una amistad estrechísima.

Contó Carriazo a sus padres y a todos mil magníficas y largas mentiras de cosas que le habían sucedido en los tres años de su ausencia; pero nunca tocó, ni por asomo, lo de las almadrabas, puesto que en ellas tenía continuamente puesta la imaginación: especialmente cuando vio que llegaba el tiempo donde había prometido a sus amigos el regreso. Ni le entretenía la caza, en que su padre le ocupaba, ni los muchos, honestos y gustosos convites que en aquella ciudad se usan le daban gusto: todo pasatiempo le cansaba, y a todos los mayores que se le ofrecían anteponía el que había recibido en las almadrabas.

Avendaño, su amigo, viéndole muchas veces melancólico e imaginativo, fiado en su amistad, se atrevió a preguntarle la causa, y quiso remediarla, si pudiese y fuese menester, con su misma sangre. No quiso Carriazo ocultarle nada, por no hacer agravio a la gran amistad que profesaban; y así, le contó punto por punto la vida de la enorme red de pesca[32], y cómo todas sus tristezas y pensamientos nacían del deseo que tenía de volver a ella; se la pintó de

---

[32] En el original, «jábega».

un modo tal que Avendaño, cuando le escuchó, antes alabó que vituperó su gusto.

En fin, el de la plática fue disponer Carriazo la voluntad de Avendaño de manera que determinó irse con él a gozar un verano de aquella felicísima vida que le había descrito, de lo cual quedó muy contento Carriazo, por parecerle que había ganado un gran testigo que calificase su baja determinación. Decidieron, así mismo, reunir todo el dinero que pudiesen; y el mejor modo que encontraron fue que en dos meses había de ir Avendaño a Salamanca, donde por gusto había estado tres años estudiando las lenguas griega y latina, y su padre quería que pasase adelante y estudiase la facultad que él quisiese, y que del dinero que le diese tendría para lo que deseaban.

En este tiempo, contó Carriazo a su padre que tenía la intención de irse con Avendaño a estudiar a Salamanca. Le agradó tanto a su padre la propuesta que, hablando con el de Avendaño, ordenaron ponerles juntos en una casa en Salamanca, con todos los requisitos que pedían ser hijos suyos.

Llegó el tiempo de la partida; les proveyeron de dineros y enviaron con ellos un preceptor que los gobernase, uno que tenía más de hombre de bien que de discreto. Los padres dieron consejos a sus hijos de lo que habían de hacer y de cómo debían obrar para aprovechar en la virtud y en las ciencias, que es el fruto que todo estudiante debe obtener de sus trabajos y vigilias, principalmente los bien nacidos. Se mostraron los hijos humildes y obedientes; lloraron las madres; recibieron la bendición de todos; se pusieron en camino con mulas propias y con dos criados de casa, amén del preceptor, que se había dejado crecer la barba para que le diese autoridad a su cargo.

Llegando a Valladolid, dijeron al preceptor que querían estar en aquella ciudad dos días para verla, porque nunca la habían visto ni estado en ella. Les reprendió mucho el preceptor, severa y ásperamente, la propuesta de demora[33], diciéndoles que los que iban a estudiar con tanta prisa como ellos no deberían detenerse ni una hora siquiera a mirar niñerías, mucho menos dos días, y que él tenía recelos de si los dejaba pararse un poco, y partir después, y si no, que sobre eso, morena[34].

Hasta aquí llegaba la habilidad del preceptor o mayordomo, como más nos guste llamarlo. Los mancebitos, que habían hecho ya su agosto y su vendimia, pues habían ya robado cuatrocientos escudos de oro que llevaba su preceptor, dijeron que solo los dejase aquel día, porque querían ver la fuente de Argales, que conducía el agua por la ciudad a través de grandes y espaciosos acueductos. Así pues, aunque con dolor de su alma, les dio permiso, porque él quisiera compensar el gasto de aquella noche y parar en Valdestillas[35], y así repartir las dieciocho leguas[36] que hay desde Valdestillas a Salamanca en dos días, y no las veintidós que hay desde Valladolid; pero, como uno piensa el caballo y otro el que lo ensilla, todo le sucedió al revés de lo que él quisiera.

---

[33] En el original, «estadaн.

[34] «Y si no, que sobre eso, morena»: que se atuviera a las consecuencias; expresión coloquial para declarar la resolución de sostener lo que se quiere, con todo empeño y a toda costa. «¡Eso es lo que hay y no hay más que hablar!».

[35] En el original, Valdeastillas. Valdestillas, municipio de la provincia de Valladolid. No confundir con Valdastillas (Cáceres).

[36] Medida itineraria, variable, según los países o regiones, definida por el camino que regularmente se anda en una hora.

Los muchachos, con solo un criado a caballo y ellos en dos muy buenas y caseras mulas, salieron a ver la fuente de Argales, famosa por su antigüedad y por sus aguas, tanto como la de fuente Dorada de Valladolid, la de la reverenda Priora, o la de Leganitos. Llegaron a Argales, y cuando creyó un criado que sacaba Avendaño de las bolsas del cojín algo para beber, vio que sacaba una carta cerrada, diciéndole que enseguida volviese a la ciudad y se la diese a su preceptor, y que después de dársela, les esperase en la puerta del Campo.

Obedeció el criado, tomó la carta, volvió a la ciudad, y ellos volvieron las riendas y aquella noche durmieron en Mojados[37], y desde allí, en dos días, en Madrid; y en otros cuatro vendieron las mulas en una plaza pública, y hubo quien les fiara por seis escudos de prometido, y aun quien les diese el dinero en oro por sus cabales. Se vistieron a lo payo, con capotillos con bolsillos de arpillera, polainas, calzones y medias de paño pardo. Ropero hubo que por la mañana les compró sus vestidos y por la noche los había mudado de manera que no los conociera ni la propia madre que los había parido. Puestos, pues, a la ligera y del modo que Avendaño quiso y supo, se pusieron en camino de Toledo al pie de la letra[38]y sin espadas; que también el ropero, aunque no atañía a su menester, se las había comprado.

Dejémoslos ir, por ahora, pues van contentos y alegres, y volvamos a contar lo que el preceptor hizo cuando abrió la carta que el criado le llevó y encontró que decía de esta manera:

---

[37] Municipio de Valladolid.

[38] En el original, «ad pedem literae».

Vuesa merced será servido, señor Pedro Alonso, de tener paciencia y dar la vuelta a Burgos, donde dirá a nuestros padres que, habiendo nosotros sus hijos, con madura consideración, considerado cuán más propias son de los caballeros las armas que las letras, hemos decidido cambiar Salamanca por Bruselas y a España por Flandes. Llevamos los cuatrocientos escudos; las mulas las pensamos vender. Nuestra hidalga intención y el largo camino es bastante disculpa de nuestro error, aunque nadie le juzgará por tal si no es cobarde. Nuestra partida es ahora; la vuelta será cuando Dios quiera, el cual guarde a vuesa merced como pueda y nosotros sus jóvenes discípulos deseamos.

De la fuente de Argales, puesto ya el pie en el estribo para marchar a Flandes.

Carriazo y Avendaño.

Quedó Pedro Alonso sorprendido al leer la carta y acudió presto a su valija, y al encontrarla vacía le acabó de confirmar la verdad de la carta; y luego al punto, en la mula que le había quedado, partió para Burgos a dar noticia a sus amos con toda presteza, para que así pusiesen remedio e intentasen alcanzar a sus hijos. Pero de estas cosas no dice nada el autor de esta novela, porque, así como dejó puesto a caballo a Pedro Alonso, volvió a contar de lo que les sucedió a Avendaño y a Carriazo a la entrada de Illescas, diciendo que al entrar de la puerta de la villa encontraron dos mozos de mulas, al parecer andaluces, en calzones anchos, jubones acuchillados de lienzo basto, sus coletos de ante, dagas de ganchos y espadas sin tiros; al parecer, uno venía de Sevilla y el otro iba a ella. El que iba estaba diciendo al otro:

—Si no fueran mis amos tan adelante, todavía me detuviera algo más a preguntarte mil cosas que deseo saber, porque me has maravillado mucho con lo que has contado de que el conde ha ahorcado a Alonso Genís y a Ribera[39], sin querer otorgarles la apelación.

—Oh pecador de mí! —replicó el sevillano—. Les puso el conde la zancadilla y los cogió debajo de su competencia, ya que eran soldados, y por contrabando se aprovechó de ellos, sin que la Audiencia se los pudiese quitar. Debes saber, amigo, que tiene un demonio en el cuerpo este conde de Puño En Rostro, que nos mete los dedos de su puño en el alma. Barrida está Sevilla y diez leguas a la redonda de bravucones; no hay ladrones en sus contornos. Todos le temen como al fuego, aunque se dice que dejará pronto el cargo de asistente, porque no tiene condición para verse a cada paso en dimes ni en diretes con los señores de la Audiencia.

—¡Vivan ellos mil años —dijo el que iba a Sevilla—, que son padres de los miserables y amparo de los desdichados! ¡Cuántos pobrecitos están mascando barro nada más que por la cólera de un juez absoluto, de un corregidor, o mal informado o bien apasionado! Más ven muchos ojos que dos: no se apodera tan pronto el veneno de la injusticia de muchos corazones como se apodera de uno solo.

—Predicador te has vuelto —dijo el de Sevilla—, y, según llevas la retahíla, no acabarás en seguida, y yo no te puedo esperar; y esta noche no vayas a dormir donde sueles, sino en la posada del Sevillano, porque verás en ella a la más hermosa fregona que se conoce. Marinilla, la de la venta Tejada, es asco en su comparación; no te digo más, sino que hay fama que el hijo del corregidor bebe los vientos

---

[39] Personajes históricos del hampa de la época.

por ella. Uno de mis amos que allá va jura que, cuando vuelva de Andalucía, se ha de quedar dos meses en Toledo y en la misma posada, solo por hartarse de mirarla. Ya le dejo yo en señal un pellizco, y me llevo a cambio un gran bofetón. Es dura como el mármol, y arisca como villana de Sayago[40], y áspera como una ortiga; pero tiene una cara de pascua y un rostro de buen año: en una mejilla tiene el sol y en la otra la luna; la una está hecha de rosas y la otra de claveles, y entrambas hay también azucenas y jazmines. No te digo más, sino que la veas, y verás que no te exagero acerca de su hermosura. En las dos mulas rucias que sabes que tengo mías, la dotara de buena gana, si me la quisieran dar por mujer; pero yo sé que no me la darán, que es joya para un arcipreste o para un conde. Y otra vez torno a decir que ya lo verás. Y adiós, que me mudo[41].

Con esto se despidieron los dos mozos de mulas, cuya plática y conversación dejó mudos a los dos amigos que la habían escuchado, especialmente Avendaño, en quien la simple relación que el mozo de mulas había hecho de la hermosura de la fregona despertó en él un intenso deseo de verla. También lo despertó en Carriazo; pero no de manera que no desease más llegar a sus almadrabas que detenerse a ver las pirámides de Egipto u otra de las siete maravillas, o todas juntas.

En repetir las palabras de los mozos, y en remedar el modo y los ademanes con que las decían, entretuvieron el camino hasta Toledo; y luego, siendo la guía Carriazo,

---

[40] Para Cervantes, las mujeres de la villa de Sayago eran feas y rústicas. De los hombres del lugar tampoco tenía mejor opinión.

[41] Expresión de despedida algo descarada que se hizo muy popular en esa época.

que ya otra vez había estado en aquella ciudad, bajando por la Sangre de Cristo, dieron con la posada del Sevillano; pero no se atrevieron a pedirla allí, porque su ropa no lo pedía[42].

Había ya anochecido, y, aunque Carriazo importunaba a Avendaño para que fuesen a otra parte a buscar posada, no le pudo quitar de la puerta de la del Sevillano, esperando por si acaso aparecía la tan celebrada fregona. Se entró la noche y la fregona no salía; ya se desesperaba Carriazo, y Avendaño estaba en silencio hasta que, saliendo con intención con la excusa de preguntar por unos caballeros de Burgos que iban a la ciudad de Sevilla, entró hasta el patio de la posada; y, apenas hubo entrado, cuando de una sala que en el patio había vio salir una moza, al parecer de unos quince años, poco más o menos, vestida como labradora, con una vela encendida en un candelero. No puso Avendaño los ojos en el vestido y en el traje de la moza, sino en su rostro, que le parecía ver en él los que se suelen pintar para los ángeles. Quedó sorprendido y atónito por su hermosura, y no acertó a preguntarle nada: tal era su sorpresa y embelesamiento. La moza, viendo a aquel hombre delante de sí, le dijo:

—¿Qué busca, hermano? ¿Es por ventura criado de alguno de los posaderos de casa?

—No soy criado de nadie, sino vuestro —respondió Avendaño, todo lleno de turbación y sobresalto.

La moza, que de aquel modo se vio responder, dijo:

—Vaya, enhorabuena, que las que servimos no necesitamos criados.

---

[42] No se atrevieron a pedir posada porque su ropa no estaba a la altura social exigida por la posada.

Y, llamando a su señor, le dijo:

—Mire, señor, qué es lo que busca este mancebo.

Salió su amo y le preguntó qué buscaba. Él respondió que a unos caballeros de Burgos que iban a Sevilla, uno de los cuales era su señor, el cual le había enviado delante por Alcalá de Henares, donde había de hacer un negocio que les importaba; y que junto con esto le mandó que se viniese a Toledo y le esperase en la posada del Sevillano, donde vendría a apearse; y que pensaba que llegaría aquella noche u otro día a más tardar. Tan buen color dio Avendaño a su mentira, que a la cuenta del posadero pasó por verdad, pues le dijo:

—Quédese, amigo, en la posada, que aquí podrá esperar a su señor hasta que venga.

—Muchas gracias, señor posadero —respondió Avendaño—; y mande usted que se me dé alojamiento para mí y para un compañero que viene conmigo, que está allí fuera, que dineros traemos para pagarlo tan bien como cualquier otro.

—En buena hora —respondió el posadero.

Y, volviéndose a la moza, dijo:

—Costancica, di a Argüello que lleve a estos galanes al aposento del rincón y que les ponga sábanas limpias.

—Lo haré, señor —respondió Constanza, que así se llamaba la doncella.

Y, haciendo una reverencia a su amo, salió, y la ausencia fue para Avendaño lo que suele ser al caminante ponerse el sol y sobrevenir la noche lóbrega y oscura. Con esto, salió a contar a Carriazo lo que había visto y lo que dejaba negociado; el cual por mil señales conoció cómo su amigo venía herido de la amorosa pestilencia; pero no le quiso decir nada entonces, hasta ver si merecía la causa de quien nacían las extraordinarias alabanzas y grandes exageraciones con que la belleza de Constanza sobre los mismos cielos levantaba.

Entraron, en fin, en la posada, y Argüello, que era una mujer de unos cuarenta y cinco años, superintendente de las camas y aderezo de los aposentos, los llevó a uno que ni era de caballeros ni de criados, sino de gente que podía hacer medio entre los dos extremos. Pidieron de cenar; les respondió Argüello que en aquella posada no daban de comer a nadie, puesto que guisaban y aderezaban lo que los huéspedes traían de fuera comprado; pero que bodegones y casas de estado había cerca, donde sin cargo de conciencia podían ir a cenar lo que quisiesen. Tomaron los dos el consejo de Argüello, y dieron con sus cuerpos en una bodega, en donde Carriazo cenó lo que le dieron y Avendaño lo que con él llevaba: que fueron pensamientos e imaginaciones. Lo poco o nada que Avendaño comía admiraba mucho a Carriazo. Por enterarse del todo de los pensamientos de su amigo, al volverse a la posada, le dijo:

—Conviene que mañana madruguemos, para que antes de que entre el calor estemos ya en Orgaz.

—No estoy en eso —respondió Avendaño—, porque pienso que antes de que parta de esta ciudad vea lo que dicen que hay famoso en ella, como es el Sagrario, el artificio de Juanelo, las Vistillas de San Agustín, la Huerta del Rey y la Vega.

—Enhorabuena —respondió Carriazo—, eso en dos días se puede ver.

—Realmente me lo he de tomar despacio, que no vamos a Roma a alcanzar plaza alguna.

—¡Eh! —replicó Carriazo—. ¡Que me maten, amigo, si no estáis vos con más deseo de quedaros en Toledo que de seguir nuestra comenzada romería!

—Es verdad —respondió Avendaño—; y tan imposible será apartarme de ver el rostro de esta doncella, como no es posible ir al cielo sin buenas obras.

—¡Bello empeño —dijo Carriazo— y determinación digna de un pecho tan generoso como el vuestro! ¡Bien cuadra un don Tomás de Avendaño, hijo de don Juan de Avendaño (caballero, lo que es bueno; rico, lo que basta; mozo, lo que alegra; discreto, lo que admira), con enamorado y perdido por una fregona que sirve en el mesón del Sevillano!

—Lo mismo me parece a mí que es —respondió Avendaño— considerar un don Diego de Carriazo, hijo del mismo, caballero del hábito de Alcántara el padre, y el hijo a pique de heredarle con su mayorazgo, no menos gentil en el cuerpo que en el ánimo, y con todos estos generosos atributos, verle enamorado, ¿de quién, si pensáis? ¿De la reina Ginebra? No, por supuesto, sino de la almadraba de Zahara, que es más fea, según creo, que el miedo de san Antón.

—¡Bien devuelta!⁴³ —respondió Carriazo—; por los filos que te herí me has matado; quédese aquí nuestra riña, y vámonos a dormir.

—Mira, Carriazo, hasta ahora no has visto a Constanza; viéndola, te doy permiso para que me digas todas las injurias o represiones que quieras.

---

⁴³ En el original, «¡Pata es la traviesa!».

—Ya sé yo en qué va a acabar esto —dijo Carriazo.

—¿En qué? —replicó Avendaño.

—En que yo me iré con mi almadraba, y tú te quedarás con tu fregona —dijo Carriazo.

—No seré yo tan venturoso —dijo Avendaño.

—Ni yo tan necio —respondió Carriazo— que, por seguir tu mal gusto, deje de conseguir el mío.

En estas charlas llegaron a la posada, y aun tuvieron otras semejantes la mitad de la noche. Y, habiendo dormido, a su parecer, poco más de una hora, los despertó el son de muchas chirimías que en la calle sonaban. Se sentaron en la cama y estuvieron atentos, y dijo Carriazo:

—Apostaré que es ya de día y que debe haber alguna fiesta en el monasterio de Nuestra Señora del Carmen que está aquí cerca, y por eso tocan estas chirimías[44].

—No es eso —respondió Avendaño—, porque no hace tanto que dormimos que pueda ser ya de día.

Estando en esto, sintieron llamar a la puerta de su cuarto, y, preguntando quién llamaba, respondieron de fuera diciendo:

—Muchachos, si queréis oír una brava música, levantaos y asomaos a una reja que da a la calle, que está en aquella sala frontera, que no hay nadie en ella.

Se levantaron los dos, y cuando abrieron no hallaron a nadie ni supieron quién les había dado el aviso; pero, al oír el sonido de un arpa, creyeron que era la música; y así en camisa, como se hallaron, se fueron a la sala, donde ya

---

[44] Instrumentos de viento de madera de la familia del oboe.

estaban otros tres o cuatro posaderos puestos a las rejas; hallaron un lugar, y de allí a poco, al son del arpa y de una vihuela, con maravillosa voz, oyeron cantar este soneto, que no se le fue de la memoria a Avendaño:

Raro, humilde sujeto, que levantas
a tan excelsa cumbre la belleza,
que en ella se excedió naturaleza
a sí misma, y al cielo la adelantas;
si hablas, o si ríes, o si cantas,
si muestras mansedumbre o aspereza
(efecto solo de tu gentileza),
las potencias del alma nos encantas.
Para que pueda ser más conocida
la sin par hermosura que contienes
y la alta honestidad de que blasonas,
deja el servir, pues debes ser servida
de cuantos ven sus manos y sus sienes
resplandecer por cetros y coronas.

No hizo falta que nadie les dijese a los dos que aquella música era por Constanza, pues bien claro lo había descubierto el soneto, que sonó de tal manera en los oídos de Avendaño, que diera por bien empleado, por no haberle oído, haber nacido sordo y estarlo todos los días de la vida que le quedaba, a causa que desde aquel punto la comenzó a tener tan mala como quien se halló traspasado el corazón de la rigurosa lanza de los celos. Y era lo peor que no sabía de quién debía o podía tenerlos. Pero pronto lo sacó de esta duda uno de los que estaban en la reja, diciendo:

—¡Que simple es este hijo del corregidor, que anda dando músicas a una fregona! Verdad es que ella es de las más hermosas muchachas que he visto, y he visto muchas; pero no por esto había de solicitarla con tanta publicidad.

A lo cual añadió otro de los de la reja:

—Pues en verdad que he oído yo decir por cosa muy cierta que así hace ella cuenta de él como si no fuese nadie: apostaré que ella está ahora durmiendo a sueño suelto detrás de la cama de su ama, donde dicen que duerme, sin acordarse de músicas ni canciones.

—Es verdad —replicó el otro—, porque es la más honesta doncella que hay; y es extraordinario que, estando en esta casa de tanta ocupación y negocio, en donde hay cada día gente nueva, y andando por todos los aposentos, no se conoce de ella el más mínimo menor desmán.

Con esto que escuchó, Avendaño volvió a revivir y a cobrar aliento para escuchar muchas más cosas, que al son de diversos instrumentos los músicos cantaron, todas encaminadas a Constanza, quien, como dijo el posadero, estaba durmiendo sin ningún problema.

Con el día, se fueron los músicos, despidiéndose con las chirimías. Avendaño y Carriazo se volvieron a su cuarto, en donde durmió el que pudo hasta la mañana, levantándose los dos, con ganas de ver a Constanza; pero el deseo de uno era de curioso, y el del otro, de enamorado. Pero a ambos se los cumplió Constanza, saliendo de la sala de su amo tan hermosa, que a los dos les pareció que todas cuantas alabanzas le había dado el mozo de mulas quedaban cortas.

Su vestido lo componía una saya y varios corpiños de paño verde, con ribetes del mismo paño. Los corpiños eran bajos, pero la camisa era alta, plegado el cuello con

un cabezón[45] labrado de seda negra, puesta una gargan-
tilla de estrellas de azabache sobre un pedazo de una co-
lumna de alabastro, no menos blanca que su garganta;
ceñida con un cordón de san Francisco, y de una cinta
pendiente, al lado derecho, un gran manojo de llaves. No
traía chinelas[46], sino zapatos de dos suelas, colorados, con
unas calzas que no se le parecían sino cuanto por un per-
fil mostraban también ser coloradas. Traía tranzados los
cabellos con unas cintas blancas de hilo; pero tan largo el
tranzado, que por las espaldas le pasaba de la cintura;
el color salía de castaño y tocaba en rubio; pero, al parecer,
tan limpio, tan igual y tan peinado, que ninguno, aunque
fuera de hebras de oro, se le pudiera comparar. Le colgaban
de las orejas dos calabacillas de vidrio que parecían perlas;
los mismos cabellos le servían de cofia y de toca.

Cuando salió de la sala se persignó y santiguó, y con mucha devoción y sosiego hizo una profunda reverencia a
una imagen de Nuestra Señora que en una de las paredes
del patio estaba colgada; y, alzando los ojos, vio a los dos
muchachos, que estaban mirándola, y, apenas los hubo
visto, cuando se retiró y volvió a entrar en la sala, desde la
cual dio voces a Argüello para que se levantase.

Falta ahora por decir qué es lo que le pareció a Carriazo la
hermosura de Constanza, que de lo que le pareció a Avendaño ya está dicho, cuando la vio la vez primera. No digo
más, sino que a Carriazo le pareció tan bien como a su
compañero, pero le enamoró mucho menos; y tan menos,
que quisiera no anochecer en la posada, sino partir enseguida para sus almadrabas.

---

[45] Abertura que tiene un ropaje para sacar la cabeza.

[46] Zapatillas, babuchas.

En esto, a las voces de Constanza salió a los corredores la Argüello, con otras dos mocetonas, también criadas de la casa, de quien se dice que eran gallegas; había tantas por la mucha gente que acude a la posada del Sevillano, una de las mejores y más frecuentadas de Toledo. Acudieron también los mozos de los posaderos a pedir cebada; salió el posadero de casa a dársela, maldiciendo a sus mozas, que por ellas se le había ido un mozo que solía dar con muy buena cuenta y razón, sin que faltase, a su parecer, un solo grano. Avendaño, que oyó esto, dijo:

—No se fatigue, señor posadero, deme el libro de la cuenta, que los días que hubiere de estar aquí yo la tendré tan buena en dar la cebada y paja que pidieren, y así no echará de menos al mozo que dice que se le ha ido.

—Os lo agradezco, muchacho —respondió el posadero—, porque yo no puedo atender a esto, pues tengo muchas otras cosas que hacer fuera de casa. Bajad; os daré el libro, y mirad que estos mozos de mulas son el mismo diablo y hacen trampas con un celemín de cebada con menos conciencia que si fuese de paja.

Bajó al patio Avendaño y se le entregó el libro, y comenzó a despachar celemines como si fuera agua, y a registrarlos tan bien que el posadero que lo estaba mirando, quedó muy contento; tanto que le dijo:

—Ruego a Dios que no viniese vuestro amo y que a vos os entrase ganas de quedaros en esta casa, que a fe que otro gallo os cantase, porque el mozo que se fue, cuando vino a mi casa, hará ocho meses, roto y flaco, se ha marchado ahora con dos pares de vestidos muy buenos y se va gordo como una nutria. Porque quiero que sepas, hijo, que en esta casa hay muchos provechos, además de los salarios.

—Si yo me quedase —replicó Avendaño— no repararía mucho en la ganancia; que con cualquier cosa me contentaría a cambio de estar en esta ciudad, que dicen es la mejor de España.

—Por lo menos —respondió el posadero— es de las mejores y más abundantes que hay; pero otra cosa falta ahora, que busques a quien vaya por agua al río; que también se me fue otro mozo que, con un asno que tengo famoso, me tenía rebosando las tinajas y hecha un lago de agua la casa. Y una de las causas porque los mozos de mulas desean traer a sus amos a mi posada es por la abundancia de agua que encuentran siempre en ella; porque no llevan su ganado al río, sino que dentro de la casa beben las cabalgaduras en grandes barreños.

Todo esto estaba oyendo Carriazo; el cual, viendo que ya Avendaño estaba acomodado y con trabajo en la posada, no quiso él ser menos; y, sobre todo, pensando en la alegría que le daría a Avendaño; y así, dijo al posadero:

—Traiga el asno, señor posadero, que yo lo sabré encinchar y cargar tan bien, como sabe mi compañero asentar en el libro su mercancía.

—Sí —dijo Avendaño—, mi compañero Lope Asturiano se encargará de traer agua como un príncipe. Doy fe.

La Argüello, que estaba atenta desde el corredor a todas estas charlas, oyendo decir a Avendaño que él fiaba a su compañero, dijo:

—Dígame, buen hombre, ¿y quién lo fiará a él? La verdad, me parece que más necesidad tiene de ser fiado que de ser fiador.

—Calla, Argüello —dijo el posadero—, no te metas donde no te llaman; yo los fío a ambos, y, por vuestra vida, no tengáis dimes ni diretes con los mozos de la casa, que por vuestra culpa se me van todos.

—Entonces —dijo otra moza—, ¿se quedan en casa estos mancebos? Para mi fe, que si yo estuviera en camino con ellos, nunca les fiara la bota.

—Déjese de payasadas, señora Gallega —respondió el posadero—, y haga su trabajo, y no se entremeta con los mozos, que la moleré a palos.

—¡Vaya! —replicó la Gallega—. ¡Mire qué joyas para codiciarlas! La verdad es que nunca me ha encontrado usted, señor amo, juguetona con los mozos de la casa, ni dentro ni fuera, para tener de mí tan mala opinión: ellos son bellacos y se van cuando se les antoja, sin que nosotras les demos ocasión alguna. ¡Bonita gente es, por cierto, para tener necesidad de estímulos que los inviten a dar un madrugón a sus amos cuando menos se dan cuenta!

—Mucho habláis, Gallega —respondió su amo—; punto en boca, y atended a lo que tenéis a vuestro cargo.

Ya en esto tenía Carriazo preparado el asno; y, subiendo en él de un brinco, se encaminó al río, dejando a Avendaño muy alegre de haber tomado esa decisión.

He aquí: tenemos ya —en buena hora se cuente— a Avendaño hecho mozo del mesón, con nombre de Tomás Pedro, que así dijo que se llamaba, y a Carriazo, con el de Lope Asturiano, convertido en aguador: transformaciones dignas de anteponerse a las del narigudo poeta[47].

A malas penas acabó de entender Argüello que los dos muchachos se quedaban en casa, cuando hizo designio sobre

---

[47] Cervantes se refiere a Ovidio Nasón.

el Asturiano, y le marcó por suyo, determinándose a regalarle de suerte que, aunque él fuese de condición esquiva y retirada, le volviese más blando que un guante. El mismo discurso hizo la Gallega melindrosa sobre Avendaño; y, como las dos, por trato y conversación, y por dormir juntas, fuesen grandes amigas, al punto declaró la una a la otra su determinación amorosa, y desde aquella noche determinaron comenzar la conquista de sus dos desapasionados amantes. Pero lo primero que advirtieron fue en que les habían de pedir que no las habían de pedir celos por cosas que las viesen hacer de sus personas, porque mal pueden regalar las mozas a los de dentro si no hacen tributarios a los de fuera de la casa. «Callad, hermanos —decían ellas (como si los tuvieran presentes y fueran ya sus verdaderos mancebos o amancebados)—; callad y tapaos los ojos, y dejad tocar el pandero a quien sabe y que guíe la danza quien la entiende, y no habrá par de canónigos en esta ciudad más regalados que vosotros lo seréis de estas tributarias vuestras»[48].

Estas y otras razones de esta sustancia y clase dijeron la Gallega y la Argüello; y, en tanto, caminaba nuestro buen Lope Asturiano la vuelta del río, por la cuesta del Carmen, puestos los pensamientos en sus almadrabas y en el repentino cambio de su estado. O ya fuese por esto, o porque la suerte así lo ordenase, en un paso estrecho, al bajar de la cuesta, encontró con un asno de un aguador que subía cargado; y, como él descendía y su asno era gallardo, bien dispuesto y poco trabajado, tal encuentro dio al cansado y flaco que subía con él en el suelo; y, por haberse quebrado los cántaros, se derramó también el agua, por cuya desgracia

---

[48] Frases hechas que significan «dejad hacer al que sabe».

el aguador antiguo, despechado y lleno de cólera, arremetió al aguador moderno, que aún se estaba caballero; y, antes de que se bajara, le había pegado una docena de palos, que no le supieron bien al Asturiano.

Se bajó, en fin; pero con tan malas entrañas, que arremetió contra su enemigo, y, agarrándole con ambas manos por la garganta, lo tiró al suelo; y este se dio con la cabeza en una piedra, abriéndosela por dos partes, saliendo tanta sangre que pensó que lo había matado.

Otros muchos aguadores que allí venían, como vieron a su compañero tan malparado, arremetieron contra Lope, y lo agarraron fuertemente, gritando:

—¡Justicia, justicia; que este aguador ha matado a un hombre!

Y, por estas razones y gritos, lo molían a sopapos y a palos. Otros acudieron al caído, y vieron que tenía rota la cabeza y que casi estaba espirando. Subieron los gritos por la cuesta arriba, y en la plaza del Carmen llegaron a los oídos de un alguacil; el cual, con dos corchetes, con más ligereza que si volara, se puso en el lugar de la riña, a tiempo que ya el herido estaba atravesado sobre su asno, y el de Lope agarrado, y Lope rodeado de más de veinte aguadores, que no le dejaban rodear, antes le brumaban las costillas de manera que más se pudiera temer de su vida que de la del herido, según menudeaban sobre él los puños y las varas de aquellos vengadores de la ajena injuria.

Llegó el alguacil, apartó a la gente, entregó a sus corchetes al Asturiano, y recogiendo a su asno y al herido sobre el suyo, dio con ellos en la cárcel, acompañado de tanta gente y de tantos muchachos que le seguían, que apenas podía abrirse paso por las calles.

Al rumor de la gente, salió Tomás Pedro y su amo a la puerta de casa, a ver de dónde venía tanto grito, y descubrieron a Lope entre los dos corchetes, lleno de sangre el rostro y la boca; miró luego por su asno el posadero, y lo vio en poder de otro corchete que se les había unido. Preguntó la causa de aquellas detenciones; le fue respondida la verdad del suceso; le pesó por su asno, temiendo que podía perderlo, o cobrarle más las costas que lo que valía.

Tomás Pedro siguió a su compañero, sin que le dejasen hablarle una palabra: tanta era la gente que se lo impedía, y el cuidado de los corchetes y del alguacil que lo llevaba. Finalmente, lo pusieron en la cárcel, en un calabozo, con dos pares de grilletes, y al herido en la enfermería, donde vio cómo lo curaban, comprobándose que la herida era muy peligrosa; lo mismo dijo el cirujano. El alguacil se llevó a su casa los dos asnos, además de cinco reales de a ocho que los corchetes habían quitado a Lope.

Se volvió a la posada lleno de confusión y de tristeza; encontró al que ya tenía por amo con no menos pesadumbre que él, a quien dijo de la manera que quedaba su compañero, y del peligro de muerte en que estaba el herido, y del suceso de su asno. Le dijo más: que a su desgracia se le había añadido otra de no menor fastidio; y era que un gran amigo de su señor le había encontrado en el camino, y le había dicho que su señor, por ir muy de prisa y ahorrar dos leguas de camino, desde Madrid había pasado por la barca de Aceca[49], y que aquella noche dormía en Orgaz; y que le había dado doce escudos que le diese, con orden de que se fuese a Sevilla, donde le esperaba.

---

[49] Lugar situado a diecinueve kilómetros de Toledo, por donde había cruzado el Tajo en la barca del lugar. Orgaz, por otro lado, está a treinta y tres kilómetros al sur de Aceca.

—Pero no puede ser así —añadió Tomás—, pues no puedo dejar a mi amigo y camarada en la cárcel y en tanto peligro. Mi amo me podrá perdonar por ahora; sobre todo porque es tan bueno y honrado, que dará por bien cualquier falta que le hiciere, a cambio de que no la haga a mi camarada. Vuesa merced, señor amo, se digne tomar este dinero y acudir a este negocio; y, en tanto que esto se gasta, yo escribiré a mi señor lo que pasa, y sabiendo que me enviará dineros suficientes para sacarnos de cualquier peligro.

Abrió los ojos de un palmo el posadero, alegre de ver que, en parte, iba saneando la pérdida de su asno. Cogió el dinero y consoló a Tomás, diciéndole que él conocía personas en Toledo de mucha categoría: especialmente una monja, parienta del corregidor, que le mandaba con el pie; y que una lavandera del monasterio de la monja tenía una hija que era una gran amiga de la hermana de un fraile muy familiar y conocido del confesor de la dicha monja, la cual lavandera lavaba la ropa en casa.

—Y, como esta pida a su hija, que sí pedirá, hable a la hermana del fraile que hable a su hermano que hable al confesor, y el confesor a la monja y la monja guste de dar un billete (que será cosa fácil) para el corregidor, donde le pida encarecidamente mire por el negocio de Tomás, sin duda alguna se podrá esperar buen suceso. Y esto ha de ser siempre que el aguador no muera, y con que no falte ungüento para untar a todos los ministros de la justicia, porque si no están untados, gruñen más que las carretas de bueyes[50].

---

[50] El símil del carro de bueyes como imagen de la justicia —y en general, de la Administración— sobornada se halla muy extendido en la época. Untar será sinónimo de «pagar» y de «sobornar».

En gracia le cayó a Tomás los ofrecimientos del favor que su amo le había hecho, y los infinitos y revueltos caños por donde le había derivado; y, aunque conoció que antes lo había dicho más con ironía que de inocencia, con todo eso, le agradeció su buen ánimo y le entregó el dinero, con promesa de que no le faltaría mucho más, según él tenía la confianza en su señor, como ya le había dicho.

La Argüello, que vio encadenado a su nuevo enamorado, acudió luego a la cárcel a llevarle de comer; pero no le dejaron verlo, con lo que ella volvió muy sentida y disgustada; pero no por esto desistió de su buen propósito.

En resumen, después de quince días el herido estuvo fuera de peligro, y a los veinte el cirujano declaró que estaba del todo sano; en este tiempo Tomás había hecho como si le llegasen de Sevilla cincuenta escudos, y, sacándolos de su pecho, se los entregó al posadero con cartas y cédula fingida de su amo; y, como al posadero le importaba poco averiguar la verdad de aquella correspondencia, cogía el dinero que, por ser escudos de oro, le alegraba mucho.

Por seis ducados renunció a la querella el herido; por diez más, el asno y las costas sentenciaron al Asturiano. Salió de la cárcel, pero no quiso volver a estar con su compañero, alegando que en los días que había estado preso le había visitado la Argüello y le había requerido de amores: cosa para él de tanta molestia y enojo, que antes se dejara ahorcar que corresponder con el deseo de tan mala hembra; que lo que pensaba hacer era, ya que él estaba determinado a seguir con su propósito, comprar un asno y usar el oficio de aguador mientras estuviesen en Toledo; que, con aquella cubierta, no sería juzgado ni preso por vagabundo, y que, con sola una carga de agua, se podía andar todo el día por la ciudad a sus anchas, mirando mujeres bobas[51].

—Antes mirarás hermosas que bobas en esta ciudad, que tiene fama de tener las más discretas mujeres de España, y que andan a la par su discreción con su hermosura; y si no, míralo por Costancica, de cuyas sobras de belleza puede enriquecer no solo a las más hermosas de esta ciudad, sino a las de todo el mundo.

—Alto ahí, señor Tomás —replicó Lope—: vayamos poquito a poquito en esto de las alabanzas de la señora fregona, si no quiere que, como le tengo por loco, le tenga por hereje.

—¿Fregona has llamado a Constanza, amigo Lope? —respondió Tomás—. Dios te perdone y te haga reconocer tu error.

—Pues ¿no es una fregona? —replicó el Asturiano.

—Hasta ahora le tengo por haberle visto fregar el primer plato.

—No importa —dijo Lope— no haberle visto fregar el primer plato, si le has visto fregar el segundo y aun el centésimo.

—Yo te digo, amigo —replicó Tomás—, que ella no friega ni entiende de otra cosa que su labor, que es la de guardar la plata labrada que hay en casa, que es mucha.

—Pues ¿cómo es que la llaman por toda la ciudad —dijo Lope— la fregona ilustre, si no friega? Sin duda debe ser que, como friega la plata, y no la loza, le dan nombre de

---

[51] Bobeando, gastando el tiempo inútilmente, en cosas vanas.

ilustre. Pero, dejando esto aparte, dime, Tomás: ¿en qué estado están tus esperanzas?

—En el de perdición —respondió Tomás—, porque, en todos estos días que has estado preso, no he podido hablar con ella ni una palabra, y, a muchas palabras que los huéspedes le dicen, con nada responde nada más que con bajar los ojos y no despegar los labios; tal es su honestidad y su recato, que no menos enamora con su recogimiento que con su hermosura. Lo que me trae lleno de paciencia es saber que el hijo del corregidor, que es mozo brioso y algo atrevido, muere por ella y la solicita con músicas; que pocas noches se pasan sin dársela, y tan al descubierto, que en lo que cantan la nombran, la alaban y la ensalzan. Pero ella no las oye; desde que anochece hasta la mañana siguiente no sale del cuarto de su ama, escudo que no deja que me pase al corazón la dura saeta de los celos.

—Pues ¿qué piensas hacer con el imposible que se te ofrece en la conquista de esta Porcia, de esta Minerva y de esta nueva Penélope, que en figura de doncella y de fregona te enamora, te acobarda y te desvanece?

—Búrlate de mí si quieres, amigo Lope, que yo sé que estoy enamorado del más hermoso rostro que pudo formar la naturaleza, y de la más incomparable honestidad que ahora se puede usar en el mundo. Constanza se llama, y no Porcia, Minerva o Penélope; en un mesón sirve, que no lo puedo negar, pero ¿qué puedo yo hacer, si me parece que el destino con oculta fuerza me inclina, y la elección con claro discurso me hace que la adore? Mira, amigo: no sé explicarte —prosiguió Tomás— la manera con que el amor a esta fregona, que tú llamas, me la encumbra y levanta tan alto, que viéndola no la vea, y conociéndola la desconozca. No es posible que, aunque lo busco, pueda un breve término contemplar, si así se puede decir, en la bajeza de su estado, porque luego acuden a borrarme este pensamiento su belleza, su gracia, su sosiego, su honestidad y recogimiento, y me dan a entender que, debajo de aquella rústica corteza, debe estar encerrada y escondida alguna mina de gran valor y de merecimiento grande. Finalmente, sea lo que se fuere, yo la quiero bien; y no con aquel amor vulgar con que a otras he querido, sino con amor tan limpio, que no se extiende a más que a servir y a buscar que ella me quiera, pagándome con honesta voluntad lo que, a la mía, también honesta, se debe.

A este punto, alzó la voz el Asturiano y, como exclamando, dijo:

—¡Oh amor platónico! ¡Oh fregona ilustre! ¡Oh felicísimos tiempos los nuestros, donde vemos que la belleza enamora sin malicia, la honestidad enciende sin que abrase, la gracia da gusto sin que incite, la bajeza del estado humilde obliga y fuerza a que le suban sobre la rueda de la que llaman Fortuna! ¡Oh pobres atunes míos, que os pasáis este año sin ser visitados de este tan enamorado y aficionado vuestro! Pero el que viene me enmendaré, de tal manera que no se quejen de mí los mayorales de mis deseadas almadrabas.

A esto dijo Tomás:

—Ya veo, Asturiano, qué abiertamente te burlas de mí. Lo que podías hacer es irte a tu pesca, que yo me quedaré en mi caza, y aquí me encontrarás a tu vuelta. Si quisieres llevarte el dinero que te toca, luego te lo daré; vete en paz, y que cada uno siga el camino que su destino le guie.

—Te tenía por más discreto —replicó Lope—; ¿no ves que lo que te he dicho es broma? Pero, ya que veo que tú hablas de veras, de veras te serviré en todo aquello que fuere de tu gusto. Una cosa sola te pido, en recompensa de las muchas que pienso hacer en tu servicio: y es que no me pongas en ocasión de que Argüello me requiebre ni solicite; porque antes romperé con tu amistad que ponerme a peligro de tener la suya. Créeme, amigo, que ella habla más que un relator y que le huele a la legua el aliento: todos los dientes de arriba son postizos, y estoy seguro de que los cabellos son peluca; y, para suplir estas faltas, después que me descubrió su mal pensamiento, ha dado en afeitarse con albayalde[52], y así se blanquea el rostro, que no parece sino mascarón de yeso puro.

—Todo eso es verdad —replicó Tomás—, y no es tan mala la Gallega que a mí me martiriza. Lo que se podrá hacer es que esta noche te quedes en la posada, y mañana compres el asno que has dicho y busques dónde quedarte; y así huirás de los encuentros de Argüello [y yo quedaré] sujeto a los de la Gallega y a los irreparables de los rayos de la vista de mi Constanza.

En esto quedaron los dos amigos y se fueron a la posada, adonde Argüello fue recibiendo con muestras de mucho amor al Asturiano. Aquella noche hubo un baile a la puerta de la posada, de muchos mozos de mulas que en ella había y entre las convecinas. El que tocó la guitarra fue el Asturiano; las bailadoras, amén de las dos gallegas y de la Argüello, fueron otras tres mozas de otra posada. Se juntaron muchos embozados, más interesados por ver a Constanza que en el baile, pero ella no apareció ni salió a verlos, con lo que dejó burlados muchos deseos.

---

[52] Carbonato de plomo, de color blanco, usado en pintura.

De tal manera tocaba la guitarra Lope, que decían que la hacía hablar. Le pidieron las mozas, y con más ahínco la Argüello, que cantase algún romance; él dijo que, como ellas bailasen de la forma que se canta y baila en las comedias, que cantaría, y que, para que no lo errasen, que hiciesen todo aquello que él dijese cantando y no otra cosa.

Había entre los mozos de mulas bailarines, y entre las mozas ni más ni menos. Preparó el pecho Lope, escupiendo dos veces, mientras pensó lo que diría; y, como era de pronto, fácil y lindo ingenio, con una felicísima corriente, de improviso comenzó a cantar de esta manera:

Salga la hermosa Argüello,
moza una vez, y no más;
y, haciendo una reverencia,
dé dos pasos hacia trás.
De la mano la arrebate
el que llaman Barrabás:
andaluz mozo de mulas,
canónigo del Compás.
De las dos mozas gallegas
que en esta posada están,
salga la más carigorda
en cuerpo y sin devantal.
Engarráfela Torote,
y todos cuatro a la par,
con mudanzas y meneos,
den principio a un contrapás.

Todo lo que iba cantando el Asturiano hicieron ellas y ellos al pie de la letra; pero, cuando llegó a decir que diesen principio a un contrapás, respondió Barrabás, que así le llamaban por mal nombre al bailarín mozo de mulas:

—Hermano músico, mire lo que canta y no critique a nadie de mal vestido, porque aquí no hay nadie con trapos, y cada uno se viste como Dios lo ayuda.

El posadero, que oyó la ignorancia del mozo, le dijo:

—Buen mozo, contrapás es un baile extranjero, y no crítica de mal vestidos.

—Si eso es —replicó el mozo—, no hay para qué nos metan en dibujos: toquen sus zarabandas, chaconas y folías[53] al uso, y escudillen como quisieren, que aquí hay personas que les sabrán llenar las medidas hasta el gollete[54].

El Asturiano, sin replicar palabra, prosiguió su canto diciendo:

Entren, pues, todas las ninfas
y los ninfos que han de entrar,
que el baile de la chacona
es más ancho que la mar.
Requieran las castañetas
y bájense a refregar
las manos por esa arena
o tierra del muladar.
Todos lo han hecho muy bien,
no tengo qué les rectar;
santígüense, y den al diablo
dos higas de su higueral.
Escupan al hideputa
porque nos deje holgar,
puesto que de la chacona

---

[53] Se trata de bailes populares de la época.

[54] Garganta.

nunca se suele apartar.
Cambio el son, divina Argüello,
más bella que un hospital;
pues eres mi nueva musa,
tu favor me quieras dar.
El baile de la chacona
encierra la vida bona.

Hállase allí el ejercicio
que la salud acomoda,
sacudiendo de los miembros
a la pereza poltrona.
Bulle la risa en el pecho
de quien baila y de quien toca,
del que mira y del que escucha
baile y música sonora.
Vierten azogue los pies,
derrítese la persona
y con gusto de sus dueños
las mulillas se descorchan.
El brío y la ligereza
en los viejos se remoza,
y en los mancebos se ensalza
y sobremodo se entona.
Que el baile de la chacona
encierra la vida bona.

¡Qué de veces ha intentado
aquesta noble señora,
con la alegre zarabanda,
el pésame y perra mora,
entrarse por los resquicios
de las casas religiosas

a inquietar la honestidad
que en las santas celdas mora!
¡Cuántas fue vituperada
de los mismos que la adoran!
Porque imagina el lascivo
y al que es necio se le antoja,
que el baile de chacona
encierra la vida bona.

Esta indiana amulatada,
de quien la fama pregona
que ha hecho más sacrilegios
insultos que hizo Aroba;
esta, a quien es tributaria
la turba de las fregonas,
la caterva de los pajes
y de lacayos las tropas,
dice, jura y no revienta,
que, a pesar de la persona
del soberbio zambapalo,
ella es la flor de la olla,
y que sola la chacona
encierra la vida bona.

En tanto que Lope cantaba, la multitud se dividía en dos grupos, el de los muleros y el de las criadas; y, mientras que Lope se acomodaba cantando cosas de mayor tomo, sustancia y consideración que las cantadas, uno de los muchos embozados que miraban el baile dijo, sin quitarse el embozo:

—¡Calla, borracho! ¡Calla, pellejo! ¡Músico falso!

Tras esto, acudieron otros, diciéndole tantas insultos y gestos, que Lope hizo bien en callar; pero los muleros se lo tomaron tan mal, que si no fuera por el posadero, que con buenas razones los tranquilizó como pudo, allí fuera ocurrido la de Mazagatos[55]; y aun así, no dejaron de enseñar los puños si en aquel momento no llegara la justicia y los hiciera dispersar.

Apenas se habían retirado, cuando todos los que estaban despiertos en el barrio escucharon una voz de hombre que, sentado sobre una piedra, cerca de la posada del Sevillano, cantaba con tan maravillosa y suave armonía, que los dejó sorprendidos y los obligó a que le escuchasen hasta el final. El que más atento fue Tomás Pedro, por ser a quien más le tocaba, no solo el oír la música, sino entender la letra, que para él no fue oír canciones, sino cartas de excomunión que le acongojaban el alma; porque lo que el músico cantó fue este romance:

¿Dónde estás, que no pareces,
esfera de la hermosura,
belleza a la vida humana
de divina compostura?
Cielo impíreo, donde amor
tiene su estancia segura;
primer moble, que arrebata
tras sí todas las venturas;
lugar cristalino, donde
transparentes aguas puras
enfrían de amor las llamas,
las acrecientan y apuran;

---

[55] Situación difícil, pelea, riña, como la que ocurrió en la villa de Mazagatos, Zamora.

nuevo hermoso firmamento,
donde dos estrellas juntas,
sin tomar la luz prestada,
al cielo y al suelo alumbran;
alegría que se opone
a las tristezas confusas
del padre que da a sus hijos
en su vientre sepultura;
humildad que se resiste
de la alteza con que encumbran
el gran Jove, a quien influye
su benignidad, que es mucha.
Red invisible y sutil,
que pone en prisiones duras
al adúltero guerrero
que de las batallas triunfa;
cuarto cielo y sol segundo,
que el primero deja a escuras
cuando acaso deja verse:
que el verle es caso y ventura;
grave embajador, que hablas
con tan estraña cordura,
que persuades callando,
aún más de lo que procuras;
del segundo cielo tienes
no más que la hermosura,
y del primero, no más
que el resplandor de la luna;
esta esfera sois, Constanza,
puesta, por corta fortuna,
en lugar que, por indigno,
vuestras venturas deslumbra.

Fabricad vos vuestra suerte,
consintiendo se reduzga
la entereza a trato al uso,
la esquividad a blandura.
Con esto veréis, señora,
que envidian vuestra fortuna
las soberbias por linaje;
las grandes por hermosura.
Si queréis ahorrar camino,
la más rica y la más pura
voluntad en mí os ofrezco
que vio amor en alma alguna.

Acabar estos últimos versos y llegar volando dos medios ladrillos fue todo uno; si en vez de caer a los pies del músico le hubieran dado en mitad de la cabeza, con facilidad le hubieran sacado de los cascos la música y la poesía. Se asustó el pobre, y salió corriendo por aquella cuesta arriba tan aprisa, que no le alcanzara un galgo. ¡Infeliz condición la de los músicos, murciélagos y lechuzos, siempre sujetos a semejantes lluvias y desmanes! A todos los que habían escuchado la voz del apedreado, les pareció bien; pero a quien mejor le pareció fue a Tomás Pedro, que admiró la voz y el romance; pero hubiera querido que de otra Constanza naciera la ocasión de tantas músicas, puesto que a sus oídos jamás llegó ninguna.

Contrario de este parecer fue Barrabás, el mozo de mulas, que también estuvo atento a la música; porque, así como vio huir al músico, dijo:

—¡Corre mentecato, trovador de Judas, que las pulgas te coman los ojos! Y ¿quién diablos te enseñó a cantarle a una fregona cosas de esferas y de cielos, llamándola lunes y martes, y de ruedas de Fortuna? En hora mala las dijeras para ti y para quien le hubiere parecido bien tu canción, tiesa como un espárrago, entonada como un plumaje, blanca como la leche, honesta como un fraile novicio, melindrosa y arisca como una mula de alquiler, y más dura que un pedazo de argamasa; que, como esto le dijeras, ella lo entendiera y se alegrara; pero llamarla embajador, y red, y noble, y alteza y bajeza, es más para decirlo a un niño pequeño que a una fregona. Verdaderamente hay poetas en el mundo que escriben canciones que no hay diablo que las entienda. Yo, por lo menos, aunque me llamo Barrabás, estas que ha cantado este músico de ninguna manera las comprendo: ¡miren qué hará Costancica! Pero ella lo hace mejor que nadie porque está en su cama burlándose del mismo preste Juan de las Indias. Este músico, por lo menos, no es hijo del corregidor, que aquellos son muchos, y una vez que otra, se dejan entender; pero este, ¡vaya que me disgusta!

Todos los que escucharon a Barrabás estuvieron de acuerdo, y tuvieron su censura y parecer por muy acertado.

Con esto, se acostaron todos; y, apenas se tranquilizó la gente, cuando sintió Lope que llamaban a la puerta de su aposento. Y, preguntando quién llamaba, se le respondió en voz baja:

—La Argüello y la Gallega somos: abrid que nos morimos de frío.

—Pero si estamos en la mitad de los caniculares[56] —respondió Lope.

---

[56] Periodo del año en el que el calor es más fuerte, en mitad del verano.

—Déjate de bromas, Lope —replicó la Gallega—: levántate y abre, que venimos hechas unas archiduquesas.

—¿Archiduquesas y a estas horas? —respondió Lope—. No creo en ellas; antes entiendo que sois brujas, o unas grandísimas bellacas: iros de aquí pronto; si no, por vida de..., juro que, si me levanto, con los hierros de mi correa os pongo las posaderas como unas amapolas.

Ellas, que escucharon esto tan rigurosamente, y tan fuera de lugar, temieron la furia del Asturiano; y, defraudadas sus esperanzas y borrados sus deseos, se volvieron tristes e insatisfechas a sus lechos; aunque, antes de apartarse de la puerta, dijo la Argüello, poniendo los hocicos por el agujero de la llave:

—No está hecha la miel para la boca del asno.

Y con esto, como si hubiera dicho una gran sentencia y tomado una justa venganza, se volvió, como se ha dicho, a su triste cama.

Lope, que sintió que se habían ido, dijo a Tomás Pedro, que estaba despierto:

—Mirad, Tomás: ponme a pelear con dos gigantes, y en el caso de que sea obligatorio por vuestro servicio, romperle la quijada a media docena o una entera de leones, que yo lo haré más fácilmente que beber una taza de vino; pero que me pongáis en la necesidad de que me esté a brazo partido con la Argüello, no lo consentiré si me asaetean. ¡Mirad qué doncellas de Dinamarca nos había ofrecido la suerte esta noche! Ahora bien, amanecerá y creceremos.

—Ya te he dicho, amigo —respondió Tomás—, que puedes hacer tu voluntad, o irte a tu romería, o comprar el asno y hacerte aguador, como tienes pensado.

—En lo de ser aguador me afirmo —respondió Lope—. Y durmamos lo poco que queda hasta que llegue el día, que tengo la cabeza más grande que una cuba, y no estoy para ponerme ahora a discutir contigo.

Se durmieron; vino el día, se levantaron, y acudió Tomás a dar cebada y Lope se fue al mercado de las bestias, que estaba cerca, para comprar un asno que fuese bueno.

Sucedió que Tomás, llevado de sus pensamientos y de la comodidad que le daba la soledad de las siestas, había compuesto unos versos amorosos y los escribió en el mismo libro donde estaba la cuenta de la cebada, con intención de sacarlos aparte en limpio y romper o borrar aquellas hojas. Pero, antes de que esto hiciese, estando él fuera de casa y habiéndose dejado el libro sobre el cajón de la cebada, le tomó su amo, y, abriéndole para ver cómo estaba la cuenta, dio con los versos, que leídos le turbaron y sobresaltaron.

Fuese con ellos a su mujer, y, antes que se los leyese, llamó a Constanza; y, con gran empeño, mezclado con amenazas, le dijo le dijese si Tomás Pedro, el mozo de la cebada, la había dicho algún requiebro, o alguna palabra perturbada o que diese indicio de que le gustara. Constanza juró que la primera palabra, en aquella o en otra materia alguna, estaba aún por hablarla, y que jamás, ni aun con los ojos, le había dado muestras de pensamiento malo alguno.

La creyeron sus amos, por estar acostumbrados a oírla siempre decir la verdad. Le dijeron que se fuese de allí, y el posadero dijo a su mujer:

—No sé qué me diga de esto. Habréis de saber, señora, que Tomás tiene escritas en este libro de la cebada unas coplas que me dan mala espina porque creo que está enamorado de Costancica.

—Veamos las coplas —respondió la mujer—, que yo os diré qué cierto hay en ello.

—Así será, sin duda alguna —replicó su marido—; que, como sois poeta, entenderéis su sentido.

—No soy poeta —respondió la mujer—, pero ya sabéis que tengo buen entendimiento y que sé rezar en latín las cuatro oraciones.

—Mejor haríais en rezarlas en romance: que ya os dijo vuestro tío el clérigo que decíais mil disparates cuando rezabais en latín y que así no rezabais nada.

—Esa flecha ha salido de la ahijada de su sobrina, que está envidiosa de verme en la mano el libro de las Horas[57] en latín y moverme por sus hojas como viña vendimiada.

—Sea como quieras —respondió el posadero—. Estad atenta, que estas son las coplas:

¿Quién de amor venturas halla?
El que calla.
¿Quién triunfa de su aspereza?
La firmeza.
¿Quién da alcance a su alegría?
La porfía.
Dese modo, bien podría
esperar dichosa palma
si en esta empresa mi alma
calla, está firme y porfía.
¿Con quién se sustenta amor?

---

[57] Se refiere al libro de oraciones según las horas.

Con favor.
¿Y con qué mengua su furia?
Con la injuria.
¿Antes con desdenes crece?
Desfallece.
Claro en esto se parece
que mi amor será inmortal,
pues la causa de mi mal
ni injuria ni favorece.

Quien desespera, ¿qué espera?
Muerte entera.
Pues, ¿qué muerte el mal remedia?
La que es media.
Luego, ¿bien será morir?
Mejor sufrir.
Porque se suele decir,
y esta verdad se reciba,
que tras la tormenta esquiva
suele la calma venir.
¿Descubriré mi pasión?
En ocasión.
¿Y si jamás se me da?
Sí hará.
Llegará la muerte en tanto.
Llegue a tanto tu limpia fe y esperanza,
que, en sabiéndolo Constanza,
convierta en risa tu llanto.

— ¿Hay más? —dijo la posadera.

—No —respondió el marido—; pero ¿qué os parece estos versos?

—Lo primero —dijo ella—, es necesario averiguar si son de Tomás.

—No hay duda —replicó el marido—, porque la letra de la cuenta de la cebada y la de las coplas es la misma, sin que se pueda negar.

—Mirad, marido —dijo la posadera—: veo que, puesto que las coplas nombran a Costancica, se puede pensar que se hicieron para ella, aunque no por eso lo debemos afirmar nosotros como verdad, aunque se los viéramos escribir; sobre todo, porque hay más Constanzas que la nuestra en el mundo; pero, aunque sea por esta, ahí, en los versos, no le dice nada que la deshonre ni la pide cosa que le importe. Estemos atentos y avisemos a la muchacha, que si él está enamorado de ella, con seguridad él le hará más coplas y buscará dárselas.

—¿No sería mejor —dijo el marido— quitarnos de esos cuidados y echarlo de casa?

—Eso está en vuestra mano —respondió la posadera—; pero en verdad que, según decís, el mozo os sirve de tal manera que sería mala conciencia el despedirlo por tan liviana ocasión.

—Dijo el marido, —estaremos alerta, como decís, y el tiempo nos dirá lo que debemos hacer.

Quedaron en esto, y volvió a poner el posadero el libro donde lo había hallado. Volvió Tomás ansioso a buscar su libro, lo encontró, y para que no le diese otro sobresalto, trasladó las coplas y rasgó aquellas hojas, y propuso de aventurarse a contar sus sentimientos a Constanza en la primera ocasión que se tuviera. Pero, como ella andaba siempre sobre los estribos de su honestidad y recato, a ninguno daba lugar de mirarla, cuanto más de ponerse a hablar con ella; y, como había tanta gente y tantos ojos normalmente en la posada, aumentaba más la dificultad de hablarle, de lo cual se desesperaba el pobre enamorado. Pero habiendo salido aquel día Constanza con una toca ceñida por las mejillas, y dicho al que se lo preguntó por qué se la había puesto, y que tenía un gran dolor de muelas, Tomás, a quien sus deseos avivaban el entendimiento, en un instante pensó lo que sería bueno que hiciese, y dijo:

—Señora Constanza, le daré una oración escrita, que con tan solo dos veces que la rece, se le quitará el dolor.

—Gracias —respondió Constanza—; yo la rezaré, porque sé leer.

—Ha de ser con la condición —dijo Tomás— de que no la enseñará a nadie, porque la estimo mucho, y no está bien que por saberla muchos, deje de servir.

—Le prometo —dijo Constanza—, Tomás, que no se la daré a nadie; y démela pronto, porque me fatiga mucho el dolor.

—Yo la trasladaré de la memoria —respondió Tomás— y luego se la daré.

Estas fueron las primeras palabras que Tomás dijo a Constanza, y Constanza a Tomás, en todo el tiempo que llevaba de estar en la casa, que ya pasaban de veinticuatro días.

Se retiró Tomás y escribió la oración, y buscó a Constanza procurando que nadie lo viese; y ella, con mucho gusto y más devoción, entró sola a un cuarto, y abriendo el papel vio que decía de esta manera:

Señora de mi alma:

«Yo soy un caballero natural de Burgos; si alcanzo de días a mi padre, heredo un mayorazgo de seis mil ducados de renta. A la fama de vuestra hermosura, que por muchas leguas se extiende, dejé mi patria, cambié de vestido, y en el traje que me veis vine a servir a vuestro dueño; si vos lo quisierais ser mío, por los medios que más a vuestra honestidad convengan, mirad qué pruebas queréis que haga para enteraros de esta verdad; y, enterada en ella, siendo gusto vuestro, seré vuestro esposo y me tendré por el más bien afortunado del mundo. Solo, por ahora, os pido que no echéis tan enamorados y limpios pensamientos como los míos a la calle; que si vuestro dueño los sabe y no los cree, me condenará a destierro de vuestra presencia, que sería lo mismo que condenarme a muerte. Dejadme, señora, que os vea hasta que me creáis, considerando que no merece el riguroso castigo de no veros el que no ha cometido otra culpa que adoraros. Con los ojos podréis responderme, a hurto de los muchos que siempre os están mirando; que ellos son tales, que airados matan y piadosos resucitan».

En tanto que Tomás entendió que Constanza se había ido a leer su papel, le estuvo palpitando el corazón, temiendo y esperando, ya la sentencia de su muerte o la restauración de su vida. Salió en esto Constanza, tan hermosa, aunque rebozada, que si pudiera recibir aumento su hermosura con algún accidente, se pudiera juzgar que el sobresalto de haber visto en el papel de Tomás otra cosa tan lejos de la que pensaba había acrecentado su belleza. Salió con el papel entre las manos hecho trocitos pequeños, y dijo a Tomás, que apenas se podía tener en pie:

—Hermano Tomás, tu oración parece más hechicería y embuste que oración santa; así que yo no la quiero creer ni usar, y por eso la he rasgado, para que no la vea nadie que sea más crédula que yo. Aprende otras oraciones más fáciles, porque esta será imposible que te sea de provecho.

Diciendo esto, entró con su ama, y Tomás quedó sorprendido, pero algo consolado, viendo que en el pecho de Constanza se quedaba el secreto de su deseo; creyendo que, su amo no se había dado cuenta, por lo menos no estaba en peligro de que le echasen de casa. Le pareció que en el primer paso que había dado en su pretensión se había atropellado por una montaña de inconvenientes, y que, en las cosas grandes y dudosas, la mayor dificultad está en los comienzos.

En tanto que esto sucedió en la posada, andaba el Asturiano comprando el asno donde los vendían; y, aunque encontró muchos, ninguno le gustó, puesto que un gitano anduvo muy solícito por encajarle uno que más caminaba por el azogue que le había echado en los oídos que por ligereza suya; pero lo que contentaba con el paso desagradaba con el cuerpo, pues era muy pequeño y no del tamaño que Lope quería, que le buscaba suficiente para llevarle a él por añadidura, estuvieran vacíos o llenos los cántaros.

Llegó hasta él entonces un mozo y le dijo al oído:

—Joven, si busca una bestia cómoda para el oficio de aguador, yo tengo un asno aquí cerca, en un prado, que no lo hay mejor ni más grande en la ciudad; y le aconsejo que no compre bestia a los gitanos, porque, aunque parezcan sanas y buenas, todas son falsas y llenas de enfermedades escondidas; si quiere comprar la que le conviene, véngase conmigo y cierre la boca.

Le creyó el Asturiano y le dijo que le guiase hasta donde estaba el asno que tanto ponía en valor. Se fueron los dos, mano a mano, como dicen, hasta que llegaron a la Huerta del Rey, donde a la sombra de una noria encontraron a muchos aguadores, cuyos asnos pacían en un prado que estaba cerca. Mostró el vendedor su asno, tal que le hinchó el ojo al Asturiano, y por todos los que allí estaban fue alabado el asno por lo fuerte, caminador y comedor que era. Hicieron su trato, y, sin otra seguridad ni información, siendo testigos los demás aguadores, dio dieciséis ducados por el asno, con todos los aperos del oficio.

Hizo el pago en escudos de oro. Le dieron el parabién por la compra y la bienvenida en el oficio, y le certificaron que había comprado un asno estupendo, porque el dueño que lo dejaba, sin que le ocurriese nada, había ganado con él en menos tiempo de un año, dos pares de vestidos más aquellos dieciséis ducados, con los que pensaba volver a su tierra, donde le habían concertado un casamiento con una media parienta suya.

Además de los aguadores testigos de la venta del asno había otros cuatro aguadores jugando con los naipes al juego de la Primera, tendidos en el suelo, usando como mesa la tierra y como sobremesa sus capas. Se puso el Asturiano a mirarlos y vio que no jugaban como aguadores, sino como diáconos[58], porque cada uno de ellos tenía de sobra más de cien reales en cuartos y en plata. Llegó una mano de echar todos el resto, y si uno pasaba, el siguiente se llevaba todo el dinero del contrario. Finalmente, a los dos en aquel resto se les acabó el dinero y se levantaron; viendo lo cual el vendedor del asno, dijo que si hubiera cuarto jugador que él jugara, porque era enemigo de jugar en tercio. El Asturiano, que era de propiedad del azúcar,

---

[58] Que jugaban mucho dinero.

que jamás gastó menestra, como dice el italiano, dijo que él haría cuarto[59]. Se sentaron entonces, luego, anduvo la cosa de buena manera; y, queriendo jugar antes el dinero que el tiempo, en poco rato perdió Lope seis escudos que tenía; y, viéndose sin blanca, dijo que si le dejaban apostarse el asno, que él lo jugaría. Le aceptaron el envite, e hizo de resto un cuarto del asno, diciendo que por cuartos quería jugarlo. Tuvo tan mala suerte que en cuatro restos consecutivos perdió los cuatro cuartos del asno, y se los ganó el mismo que se lo había vendido; y, levantándose para volverse a entregarse en él, dijo el Asturiano que advirtiesen que él solamente había jugado los cuatro cuartos del asno, pero la cola, que se la dieran.

Les causó risa a todos la petición de la cola, y hubo entendidos que pensaron que no tenía razón en lo que pedía, diciendo que cuando se vende un carnero o alguna otra res no se saca ni quita la cola, que con uno de los cuartos traseros debe ir forzosamente. A lo cual replicó Lope que los carneros de Berbería ordinariamente tienen cinco cuartos, y que el quinto es de la cola; y, cuando los carneros se cuartean, tanto vale la cola como cualquier cuarto; y que a lo de ir la cola junto con la res que se vende viva y no se cuartea, que lo concedía; pero que la suya no fue vendida, sino jugada, y que nunca su intención fue jugar la cola, y que al punto se la devolviesen enseguida con todo lo que a ella va unida, que era desde la punta del cerebro, contada la osamenta del espinazo, donde ella tomaba principio y descendía, hasta parar en los últimos pelos de ella.

---

[59] «De propiedad del azúcar, que jamás gastó menestra» es una forma refranística italiana que significa que el hecho de sumarse al grupo complace al resto porque esperan sacar fácil ganancia.

—Que sea así como decís —dijo uno— y que os la den como la pedís, y sentaos junto a lo que del asno queda.

—Así es —replicó Lope—: Venga mi cola; si no, por Dios que no se lleven el asno si bien viniesen por él cuantos aguadores hay en el mundo; y no piensen que por ser tantos los que aquí están me han de hacer superchería, porque soy yo un hombre que me sabré llegar a otro hombre y meterle dos palmos de daga por las tripas sin que sepa de quién, por dónde o cómo le vino; y más, que no quiero que me paguen la cola por cantidad alguna, sino que quiero que me la den y la corten del asno como he dicho.

Al ganador y a los demás les pareció no ser bueno llevarse aquel negocio por la fuerza, porque pensaron que el Asturiano era tan bravo que no consentiría que se la jugaran; quien, como él estaba hecho a los tratos de las almadrabas, donde se ejercita todo género de ceremonias y de extraordinarios juramentos, voleó allí el sombrero y empuñó un puñal que traía debajo del capotillo, y se puso en tal postura, que infundió temor y respeto en toda aquella aguadora compañía. Finalmente, uno de ellos, que parecía más razonable, les pidió que se jugase la cola contra un cuarto del asno al juego de la quínola o al de dos y pasante. Estuvieron de acuerdo; ganó la quínola Lope; se picó el otro, echó el otro cuarto, y a otras tres manos el antiguo ganador se quedó sin asno. Quiso jugarse el dinero; no quiso Lope, pero tanto le rogaron todos los demás que lo tuvo que hacer dejándolo sin un solo maravedí; y fue tanta la pesadumbre del perdedor que se arrojó en el suelo y comenzó a darse calabazadas[60] por la tierra. Lope, como bien nacido y como liberal y compasivo, lo levantó

---

[60] Cabezazos por el suelo, en señal de rabia.

y le devolvió todo el dinero que le había ganado y los dieciséis ducados del asno, y todavía del dinero que él tenía, repartió con los que allí estaban, cuya extraña liberalidad dejó pasmados a todos; y si fueran los tiempos y las ocasiones del Tamorlán[61], le hubieran considerado como el rey de los aguadores.

Con gran acompañamiento regresó Lope a la ciudad, en donde contó a Tomás lo sucedido, y Tomás al mismo tiempo le dio cuenta de sus buenas noticias. No quedó taberna, ni bodegón, ni junta de pícaros en donde no se supiese el juego del asno, lo del desquite, la cola y la bravura y la liberalidad del Asturiano. Pero, como la mala bestia del vulgo casi siempre es mala, maldita y mal hablada, no entró en la memoria la liberalidad, bravura y buenas partes del gran Lope, sino solamente la cola. Y así, apenas hubo andado dos días por la ciudad echando agua, cuando se vio señalado por muchos con el dedo, diciendo: «Este es el aguador de la cola». Estuvieron los muchachos atentos, supieron el caso; y, no había asomado Lope por la entrada de cualquiera calle, cuando por toda ella le gritaban, por aquí y por allí: '«¡Asturiano, daca la cola [62]! ¡Daca la cola, Asturiano!». Lope, que se vio aseteado por tantas lenguas y por tantas voces, pensó callar, creyendo que su silencio ahogaría tanta insolencia. Pero ni por esas, pues mientras más callaba, más gritaban los muchachos; y así, probó a cambiar su paciencia en cólera, y bajándose

---

[61] Tamorlán fue un pastor que llegó a ser rey de Persia. En nuestra lengua tenía un sentido burlesco, puesto que se usaba para ironizar sobre la aparente nobleza de alguien.

[62] «Dame la cola, Asturiano». El episodio de la cola del asno era un cuento tradicional; «daca la cola» es también una expresión popular de carácter burlesco, que aparece también en *Rinconete y Cortadillo*.

del asno se lio a palos con los muchachos, encendiendo el polvorín y poniéndole fuego, y fue otro cortar las cabezas de la serpiente, pues en lugar de una que quitaba, apaleando a algún muchacho, nacían en el mismo instante, no otras siete, sino setecientas, que con mayor fuerza e insistencia le pedían la cola. Finalmente, tuvo a bien retirarse a una posada que había tomado fuera de la de su compañero, por huir de la Argüello, para quedarse en ella hasta que la influencia de aquel mal pasase, y se borrase de la memoria de los muchachos aquella demanda de la cola que le pedían.

Seis días pasaron sin que saliese de casa, si no era de noche, para ver a Tomás y a preguntarle en qué estado se hallaba; Tomás le contó que, después de darle el papel a Constanza, nunca más había podido hablar con ella ni una sola palabra; y que le parecía que andaba más recatada que antes, puesto que una vez tuvo ocasión de hablarle, y, viéndolo ella, le dijo antes que llegase:

—Tomás, no me duele nada; y así, ni tengo necesidad de tus palabras ni de tus oraciones: conténtate que no te acuso a la Inquisición, y no te canses.

Estas razones se las dijo sin mostrar ira en los ojos ni ninguna otra aspereza. Lope le contó la prisa que le daban los muchachos, pidiéndole la cola porque él había pedido la de su asno, con que hizo el famoso juego. Le aconsejó Tomás que no saliera de casa, al menos montado sobre el asno, y que, si saliese, fuese por calles solas y apartadas; y que, si esto no bastase, que dejara el oficio, último modo de poner fin a tan poco honesta demanda. Le preguntó Lope si había ido más con la Gallega. Tomás dijo que no, pero que no dejaba de sobornarle la voluntad con regalos y presentes de lo que hurtaba en la cocina a los posaderos. Se retiró con esto a su posada Lope, con idea de no salir de ella en otros seis días, al menos con el asno.

Las once serían de la noche cuando, de improviso y sin pensarlo, vieron entrar en la posada muchos empleados de justicia, y al mando el corregidor. Se alborotó el posadero y también los posaderos; porque, así como los cometas cuando se muestran siempre causan temores de desgracias e infortunios, ni más ni menos la justicia, cuando de repente y de tropel se entra en una casa, sobresalta y atemoriza hasta las conciencias no culpadas. Entró el corregidor en una sala y llamó al posadero, que vino temblando a ver lo que el señor corregidor quería. Y, así como le vio el corregidor, le preguntó con mucha gravedad:

—¿Sois vos el posadero?

—Sí, señor —respondió él—, para lo que usted me quisiere mandar.

Ordenó el corregidor que salieran de la sala todos los que estaban en ella, y que le dejasen solo con el amo de la posada. Lo hicieron así; y, al quedarse solos, dijo el corregidor:

—Posadero, ¿qué gente tenéis a vuestro servicio en vuestra posada?

—Señor —respondió él—, tengo dos mozas gallegas, una ama y un mozo que tiene cuenta con dar la cebada y paja.

—¿Nada más? —replicó el corregidor.

—Nada más —respondió el posadero.

—Pues decidme —dijo el corregidor—, ¿dónde está la muchacha que dicen que sirve en esta casa, tan hermosa que por toda la ciudad la llaman la ilustre fregona; y de quien me han llegado a decir que mi hijo, don Periquito, es su enamorado, y que no hay noche que no le da serenatas?

—Señor —respondió el posadero—, esa fregona ilustre que dicen es verdad que está en esta casa, pero ni es mi criada ni deja de serlo.

—No entiendo lo que decís en eso de ser y no ser vuestra criada la fregona.

—Lo he dicho bien y si vuesa merced me da permiso, le diré lo que hay en esto, lo cual jamás he contado a nadie.

—Antes quiero ver a la fregona que saber otra cosa; llamadla acá —dijo el corregidor. Se asomó el posadero a la puerta de la sala y dijo:

—¡Señora: haced que entre aquí Costancica!

Cuando la posadera oyó que el corregidor llamaba a Constanza, se turbó y comenzó a torcerse las manos, diciendo:

—¡Ay desdichada de mí! ¡El corregidor a Constanza y a solas! Algún gran mal debe de haber sucedido, que la hermosura de esta muchacha trae encantados a los hombres.

Constanza, que lo oía, dijo:

—Señora, no se acongoje, que yo iré a ver lo que el señor corregidor quiere; y si algún mal hubiere sucedido, esté segura vuesa merced que no tendré yo la culpa.

Y, en esto, sin aguardar que otra vez la llamasen, tomó una vela encendida sobre un candelero de plata, y, con más vergüenza que temor, fue donde el corregidor estaba.

Así como el corregidor la vio, mandó al posadero que cerrase la puerta de la sala; entonces, el corregidor se levantó, y, tomando el candelero que Constanza traía, lle-gándole la luz al rostro, la anduvo mirando toda de arriba abajo; y, como Constanza estaba con sobresalto, se sonro-jó, y estaba tan hermosa y tan honesta, que al corregidor le pareció que estaba mirando la hermosura de un ángel en la tierra; y, después de haberla bien mirado, dijo:

—Posadero, esta no es joya para estar en el bajo engas-te de un mesón; desde aquí digo que mi hijo Periquito es discreto, pues tan bien ha sabido emplear sus pensamien-tos. Digo, doncella, que no solamente os pueden y deben llamar ilustre, sino ilustrísima; pero estos títulos no ha-bían de caer sobre el nombre de fregona, sino sobre el de una duquesa.

—No es fregona, señor —dijo el posadero—, que no hace otra cosa en casa que traer las llaves de la plata, que por la bondad de Dios tengo.

—Con todo —dijo el corregidor—, posadero, no es decen-te ni conviene que esta doncella esté en un mesón. ¿Es parienta vuestra, acaso?

—Ni es mi parienta ni es mi criada; y si usted quiere sa-ber quién es, mientras que ella no esté delante, oirá vuesa merced cosas que le dejarán admirado.

—Me gustará —dijo el corregidor—; salga Costancica allá fuera, y confíe en mí lo que en su propio padre; su mucha honestidad y hermosura obligan a que todos cuantos la vean se ofrezcan a su servicio.

No respondió palabra Constanza, sino con mucha mesura haciendo una profunda reverencia al corregidor y salien-do de la sala encontró a su ama preocupada esperándola por saber qué quería saber el corregidor. Ella le contó lo que había pasado, y cómo su señor se había quedado con él para contarle no sabía qué cosas que ella no podía oír. No acabó de tranquilizarse la posadera que estuvo rezando hasta que se fue el corregidor y vio salir libre a su marido; el cual, mientras estuvo con el corregidor, le dijo:

—Hoy hace, señor, según mi cuenta, quince años, un mes y cuatro días que llegó a esta posada una señora en hábito de peregrina, en una litera, acompañada de cuatro criados de a caballo y de dos dueñas y una doncella, que en un coche venían. Traía asimismo dos mulas cubiertas con dos ricos reposteros, y cargadas con una rica cama y con aderezos de cocina. Finalmente, el aparato era principal y la peregrina representaba ser una gran señora; y, aunque en la edad mostraba ser de cuarenta y pocos más años, no por eso dejaba de parecer hermosa en todo extremo. Venía enferma y descolorida, y tan fatigada que mandó que enseguida le hiciesen la cama, y en esta misma sala se la hicieron sus criados. Me preguntaron cuál era el médico más famoso de esta ciudad. Le dije que el doctor de la Fuente. Fueron enseguida por él, y él vino pronto; comunicó a solas con él su enfermedad; y lo que de su plática resultó fue que mandó el médico que se le hiciese la cama en otra parte y en lugar donde no le diesen ningún ruido. Al momento la mudaron a otro aposento que está aquí arriba apartado, y con la comodidad que el doctor pedía. Ninguno de los criados entró donde su señora, y solas las dos dueñas y la doncella la servían. Yo y mi mujer preguntamos a los criados quién era esa señora y cómo se llamaba, de dónde venía y adónde iba; si era casada, viuda o doncella, y por qué causa vestía aquel hábito de peregrina. A todas estas preguntas que le hicimos una y muchas veces, no hubo alguno que nos respondiese otra cosa sino que aquella peregrina era una señora principal y rica de Castilla la Vieja, y que era viuda y que no tenía hijos que la heredasen; y que, porque hacía algunos meses que estaba enferma de hidropesía, había ofrecido de ir a Nuestra Señora de Guadalupe en romería, y que por esta promesa vestía aquel hábito. En cuanto a decir su nombre, traían orden de no llamarla sino la señora peregrina. Esto supimos por entonces; pero a cabo de tres días que, por enferma, la señora peregrina estuvo en casa, una de las dueñas nos llamó a mí y a mi mujer de su parte; fuimos a ver lo que quería, y, a puerta cerrada y delante de sus criadas, casi con lágrimas en los ojos, nos dijo: «Señores míos, los cielos son testigos de que sin culpa mía me hallo en el riguroso trance que ahora os diré. Yo estoy preñada, y tan cerca del parto, que los dolores me van apretando. Ninguno de los criados que vienen conmigo saben de mi necesidad ni de mi desgracia; a estas mujeres no he podido ni he querido contárselo. Por huir de los maliciosos ojos de mi tierra, y porque esta hora no me tomase en ella, hice voto de ir a Nuestra Señora de Guadalupe; ella debe haber sido servida que en esta vuestra casa tenga el parto; en vosotros está ahora el remediarme y acudirme, con el secreto que merece la que su honra pone en vuestras manos. La paga de la merced que me hagáis, que así quiero llamarla, si no respondiere al gran beneficio que espero, responderá, por lo menos, a dar muestra de una voluntad muy agradecida; y quiero que comiencen a dar muestras de mi voluntad estos doscientos escudos de oro que están en este bolsillo».

Y, sacando debajo de la almohada de la cama un bolsillo de aguja, de oro y verde, se lo puso en las manos de mi mujer; la cual, como simple y sin mirar lo que hacía, porque estaba sorprendida y colgada de la peregrina, tomó el bolsillo, sin responderle palabra de agradecimiento alguno. Yo me acuerdo de que le dije que no era menester nada de aquello: que no éramos personas que, por interés, más que por caridad, nos movíamos a hacer el bien cuando se ofrecía. Ella prosiguió, diciendo: «Es menester, amigos, que busquéis dónde llevar lo que pariere pronto, buscando también mentiras que decir a quien lo entreguéis; que por ahora será en la ciudad, y después quiero que se lleve a una aldea. De lo que después se hubiere de hacer, siendo Dios servido de alumbrarme y de llevarme a cumplir mi voto, cuando de Guadalupe vuelva lo sabréis, porque el tiempo me habrá dado lugar de que piense y escoja lo mejor que me convenga. Partera no necesito ni quiero: que otros partos más honrados que he tenido me aseguran que, con sola la ayuda de estas criadas mías, facilitaré sus dificultades y ahorraré más de un testigo de mis sucesos».

»Aquí dio fin a su razonamiento la lastimada peregrina y principio a un copioso llanto, que en parte fue consolado por las muchas y buenas razones que mi mujer, ya vuelta en más acuerdo, le dijo. Finalmente, yo salí luego a buscar dónde llevar lo que pariese, a cualquier hora que fuese; y, entre las doce y la una de aquella misma noche, cuando toda la gente de casa estaba entregada al sueño, la buena señora parió una niña, la más hermosa que mis ojos hasta entonces habían visto, que es esta misma que vuesa merced acaba de ver ahora. Ni la madre se quejó en el parto ni la hija nació llorando: en todos había sosiego y silencio maravilloso, y tal cual convenía para el secreto de aquel extraño caso. Otros seis días estuvo en la cama, y en todos ellos venía el médico a visitarla, pero no porque ella le hubiese declarado de dónde procedía su mal; y las medicinas que le ordenaba nunca las tomó, porque solo pretendió engañar a sus criados con la visita del médico. Todo esto me dijo ella misma, después de que se vio fuera de peligro, y a los ochos días se levantó con el mismo bulto, o con otro que se parecía a aquel con que se había echado.

»Fue a la romería y volvió a los veinte días, ya casi sana, porque poco a poco se iba quitando del engaño con que después de parida se mostraba aún con el vientre hinchado. Cuando volvió, estaba ya la niña dada a criar por mi orden, con el nombre de mi sobrina, en una aldea a dos leguas de aquí. En el bautismo se le puso por nombre Constanza, que así lo dejó ordenado su madre; quien, contenta de lo que yo había hecho, al tiempo de despedirse me dio una cadena de oro, que hasta ahora tengo, de la cual quitó seis trozos, que dijo traería la persona que por la niña viniese. También cortó un blanco pergamino a vueltas y a ondas, a la traza y manera como cuando se enclavijan las manos y en los dedos se escribiese alguna cosa, que estando enclavijados los dedos se puede leer, y después de apartadas las manos queda dividida la razón, porque se dividen las letras; que, en volviendo a enclavijar los dedos, se juntan y corresponden de manera que se pueden leer continuadamente: digo que el pergamino sirve de alma del otro, y encajados se leerán, y divididos no es posible, si no es adivinando la mitad del pergamino; y casi toda la cadena quedó en mi poder, y todo lo tengo, esperando la contraseña hasta ahora, puesto que ella me dijo que dentro de dos años enviaría por su hija, encargándome que la criase no como quien ella era, sino del modo que se suele criar a una labradora. Me encargó también que, si por algún motivo no fuese posible enviar tan pronto por su hija, aunque creciese y llegase a tener entendimiento, no le contara el modo en que había nacido, y que le perdonase no decirme su nombre ni quién era, que lo guardaba para otra ocasión más importante. En resolución, dándome otros cuatrocientos escudos de oro y abrazando a mi mujer con tiernas lágrimas, partió, dejándonos admirados de su discreción, valor, hermosura y recato.

»Constanza se crio en la aldea dos años, y luego la traje conmigo, y siempre la he vestido con hábito de labradora, como su madre me lo dejó mandado. Quince años, un mes y cuatro días hace que espero a quien ha de venir por ella, y la mucha tardanza me ha consumido la esperanza de ver esta venida; y si este año en el que estamos no vienen, tengo determinado de adoptarla y darle toda mi hacienda, que asciende más de seis mil ducados, Dios sea bendito.

»Falta ahora, señor corregidor, decir a vuesa merced, si es posible que yo sepa decirlas, las bondades y las virtudes de Constanza. Ella, lo primero y principal, es devotísima de Nuestra Señora: confiesa y comulga cada mes; sabe escribir y leer; no hay mayor bordadora de encaje en Toledo; canta a capela[63] como los ángeles; en ser honesta no hay quien la iguale. Y en ser hermosa, ya vuesa merced lo ha visto. El señor don Pedro, su hijo, en su vida le ha hablado; bien es verdad que de cuando en cuando le da alguna música, que ella jamás escucha. Muchos señores, y de título, han descansado en esta posada, y a cosa hecha, por hartarse de verla, han detenido su camino muchos días; pero yo sé bien que no habrá nadie a la que ella

---

[63] A la almohadilla, en el original.

le haya dado lugar de decirle una palabra sola ni acompañada. Esta es, señor, la verdadera historia de la ilustre fregona, que no friega, en la cual no he salido de la verdad un punto.

Calló el posadero y tardó un tiempo el corregidor en hablarle: tan sorprendido le tenía el suceso que el posadero le había contado. Al final le dijo que le trajese allí la cadena y el pergamino, que quería verlo. Fue el posadero por ello, y, trayéndoselo, vio que era así como le había dicho; la cadena era de trozos, curiosamente labrada; en el pergamino estaban escritas, una debajo de otra, en el espacio que había de llenar el vacío de la otra mitad, estas letras: E T E L S Ñ V D D R; por las cuales vio que era forzoso que se juntasen con las de la mitad del otro pergamino para poder ser entendidas. Tuvo por discreta la señal del conocimiento, y juzgó por muy rica a la señora peregrina que tal cadena había dejado al posadero; y, teniendo en pensamiento de sacar de aquella posada a la hermosa muchacha cuando hubiese concertado un monasterio donde llevarla, por entonces se contentó de llevar solo el pergamino, encargando al posadero que si por casualidad viniesen a por Constanza, le avisase y diese noticia de quién era el que por ella venía, antes que le mostrase la cadena, que dejaba en su poder. Con esto se fue tan admirado del cuento y suceso de la ilustre fregona como de su incomparable hermosura.

Todo el tiempo que pasó el posadero con el corregidor, y el que ocupó Constanza cuando la llamaron, estuvo Tomás fuera de sí, combatida el alma de mil varios pensamientos, sin acertar jamás con ninguno de su gusto; pero cuando vio que el corregidor se iba y que Constanza se quedaba, respiró su espíritu y le volvió el pulso, que ya casi desamparado lo tenía. No osó preguntar al posadero lo que el corregidor quería, ni el posadero lo dijo a nadie sino a su mujer, con que ella también volvió en sí, dando gracias a Dios que de tan grande sobresalto la había librado.

El día siguiente, cerca de la una, entraron en la posada, con cuatro hombres a caballo dos caballeros ancianos de venerables presencias, habiendo primero preguntado uno de dos mozos que a pie con ellos venían si era aquella la posada del Sevillano; y, habiéndole respondido que sí, entraron todos. Se apearon los cuatro y fueron a apear a los dos ancianos: señal por la que se supo que aquellos dos eran señores de los seis. Salió Constanza con su acostumbrada gentileza a ver los nuevos huéspedes, y, apenas los hubo visto, uno de los dos ancianos dijo al otro:

—Creo, señor don Juan, que hemos hallado aquello que venimos a buscar.

Tomás, que acudió a dar recado a las cabalgaduras, conoció luego a dos criados de su padre, y luego conoció a su padre y al padre de Carriazo, que eran los dos ancianos a quien los demás respetaban; y, aunque se admiró de su venida, consideró que debían de ir a buscar a él y a Carriazo a las almadrabas: que no habría faltado quien les hubiese dicho que, en ellas y no en Flandes, los hallarían. Pero no se atrevió a dejarse conocer en aquel traje; antes, aventurándolo todo, puesta la mano en el rostro, pasó por delante de ellos, y fue a buscar a Constanza, y quiso la buena suerte que la hallase sola; y, aprisa y con lengua turbada, temeroso que ella no le daría lugar para decirle nada, le dijo:

—Constanza, uno de estos dos caballeros ancianos que aquí han llegado es mi padre, aquel que se llama don Juan de Avendaño; infórmate de sus criados si tiene un hijo que se llama don Tomás de Avendaño, que soy yo, y de aquí podrás ir deduciendo y averiguando que te he dicho verdad en cuanto a la calidad de mi persona, y que te la diré en cuanto de mi parte te tengo ofrecido; y quédate con Dios, que hasta que ellos se vayan no pienso volver a esta casa.

No le respondió nada Constanza, ni él aguardó a que le respondiese; sino, volviéndose a salir, cubierto como había entrado, se fue a dar cuenta a Carriazo de cómo sus padres estaban en la posada. Dio voces el posadero a Tomás que viniese a dar cebada; pero, como no pareció, la dio él mismo. Uno de los dos ancianos llamó aparte a una de las dos mozas gallegas, y le preguntó cómo se llamaba aquella muchacha hermosa que habían visto, y que si era hija o parienta del posadero o posaderos de la casa. La Gallega le respondió:

—La moza se llama Constanza; ni es parienta del posadero ni de la posadera, ni sé lo que es; solo digo que mala peste la mate, que no sé qué tiene ella que no tengamos ninguna de las mozas que estamos en esta casa. ¡Pues en verdad todas tenemos nuestras facciones como Dios nos las puso! No entra huésped en la posada que no pregunte enseguida por ella, y que no diga: «Bonita es, bien parece, a fe que no es mala; mal año para las más pintadas; nunca peor me la depare la fortuna». Y a nosotras sin embargo no hay quien nos diga: «¿Qué tenéis ahí, diablos, o mujeres, o lo que sois?».

—Entonces, esta niña, por esos motivos —replicó el caballero—, debe dejarse manosear y requebrar por los huéspedes.

—¡Sí! —respondió la Gallega— ¡Bonita es la niña para eso! Si ella se dejara mirar siquiera, se bañaría en oro; pero es más áspera que un erizo; es una beata tragaavemarías; bordando está todo el día y rezando a la par. Mi ama dice que trae el silencio pegado a las carnes.

Contentísimo el caballero de lo que había oído a la Gallega, sin esperar a que le quitasen las espuelas, llamó al posadero; y, retirándose con él aparte en una sala, le dijo:

—Yo, señor posadero, vengo a quitaros una prenda mía que hace algunos años tenéis en vuestro poder; para quitárosla os traigo mil escudos de oro, y estos trozos de cadena y este pergamino.

Y, diciendo esto, sacó los seis trozos de la señal de la cadena que él tenía.

Así mismo conoció el pergamino, y, muy alegre con el ofrecimiento de los mil escudos, respondió:

—Señor, la prenda que queréis quitar está en casa; pero no están en ella ni la cadena ni el pergamino con que se ha de hacer la prueba de la verdad que yo creo que vuesa merced trata; por eso, le suplico tenga paciencia, que yo vuelvo pronto.

Y al momento fue a avisar al corregidor de lo que pasaba, y de que estaban dos caballeros en su posada que venían a por Constanza.

Acababa de comer el corregidor, y, con el deseo que tenía de ver el fin de aquella historia, subió luego a caballo y llegó a la posada del Sevillano, llevando consigo el pergamino de la muestra. Y, apenas hubo visto a los dos caballeros cuando, abiertos los brazos, fue a abrazar al uno, diciendo:

—¡Válgame Dios! ¡Qué buena visita es esta, señor don Juan de Avendaño, primo y señor mío!

El caballero lo abrazó al mismo tiempo, diciéndole:

—Sin duda, señor primo, habrá sido buena mi visita, pues os veo, y con la salud que siempre os deseo. Abrazad, primo, a este caballero, que es el señor don Diego de Carriazo, gran señor y amigo mío.

—Ya conozco al señor don Diego —respondió el corregidor—, y le soy muy servidor.

Y, abrazándose los dos, después de haberse recibido con gran amor y grandes cortesías, entraron en una sala, donde se quedaron solos con el posadero, el cual ya tenía consigo la cadena, y dijo:

—El señor corregidor sabe a lo que vuesa merced viene, señor don Diego de Carriazo; vuesa merced saque los trozos que faltan a esta cadena, y el señor corregidor sacará el pergamino que está en su poder; hagamos la prueba que hace tantos años que espero se haga.

—De esa manera —respondió don Diego—, no habrá necesidad de dar cuenta de nuevo al señor corregidor de nuestra venida, pues bien se verá que ha sido a lo que vos, señor posadero, habréis dicho.

—Algo me ha dicho; pero mucho me quedó por saber. He aquí el pergamino.

Sacó don Diego el otro, y juntando las dos partes se hicieron una, y a las letras del que tenía el posadero, que, como se ha dicho, eran E T E L S Ñ V D D R, respondían en el otro pergamino estas: S A S A E AL ER A E A, que todas juntas decían: ESTA ES LA SEÑAL VERDADERA.

Se cotejaron enseguida los trozos de la cadena y descubrieron que las señas eran verdaderas.

—¡Esto está hecho! —dijo el corregidor—. Falta ahora saber, si es posible, quiénes son los padres de esta hermosísima prenda.

—El padre —respondió don Diego— soy yo; la madre ya no vive: basta saber que fue tan principal que pudiera yo ser su criado. Y, porque como se oculte su nombre no se oculte su fama, ni se culpe lo que en ella parece manifiesto error y culpa conocida, se ha de saber que la madre de esta criatura, siendo viuda de un gran caballero, se retiró a vivir a una aldea suya; y allí, con recato y con honestidad grandísima, pasaba con sus criados y vasallos una vida sosegada y tranquila. Ordenó la suerte que un día, yendo yo a cazar por el término de su lugar, quise visitarla, y era la hora de siesta cuando llegué a su alcázar: que así se puede llamar su gran casa; dejé el caballo a un criado mío; subí sin topar con nadie hasta el mismo aposento donde ella estaba durmiendo la siesta sobre un estrado negro. Era por extremo hermosa, y el silencio, la soledad, la ocasión, despertaron en mí un deseo más atrevido que honesto; y, sin ponerme a hacer discretos discursos, cerré tras mí la puerta, y, llegándome a ella, la desperté; y, teniéndola abrazada fuertemente, le dije: «No grite, señora mía, no grite, que las voces que diere serán pregoneras de su deshonra: nadie me ha visto entrar en este cuarto; que mi suerte, para que la tenga bonísima en gozaros, ha llovido sueño en todos vuestros criados, y cuando ellos acudan a vuestras voces no podrán más que quitarme la vida, y esto ha de ser en vuestros mismos brazos, y no por mi muerte dejará de quedar en opinión vuestra fama». Finalmente, yo la gocé contra su voluntad y a pura fuerza mía:

ella, cansada, rendida y turbada, o no pudo o no quiso hablarme, y yo, dejándola como atontada y sorprendida, salí por los mismos pasos donde había entrado, y me vine a la aldea de otro amigo mío, que estaba dos leguas de la suya. Esta señora se mudó de aquel lugar a otro, y, sin que yo jamás la viese, ni la buscase, pasaron dos años, al cabo de los cuales supe que había muerto; y podrá haber veinte días que, con grandes encarecimientos, escribiéndome que era cosa que me importaba en ella el contento y la honra, me envió a llamar un mayordomo de esta señora. Fui a ver lo que quería, bien lejos de pensar en lo que me dijo; la hallé a punto de la muerte, y, por abreviar razones, en muy breves me dijo cómo al tiempo que murió su señora le dijo todo lo que conmigo le había sucedido, y cómo había quedado preñada; y que, por encubrir el bulto, había venido en romería a Nuestra Señora de Guadalupe, y cómo había parido en esta casa una niña, que se había de llamar Constanza. Me dio las señas con que la encontraría, que fueron las que habéis visto de la cadena y pergamino. Y me dio también treinta mil escudos de oro, que la señora le dejó para casar a su hija. Me dijo así mismo que el no habérmelos dado pronto, como su señora había muerto, ni declararme lo que ella encomendó a su confianza y secreto, había sido por pura codicia y por aprovecharse de aquel dinero; pero que, ya que estaba a punto de ir a dar cuenta a Dios, por descargo de su conciencia, me daba el dinero y me avisaba dónde y cómo había de encontrar a mi hija. Recibí el dinero y las señales, y, dando cuenta de esto al señor don Juan de Avendaño, nos pusimos en camino de esta ciudad.

A estas razones llegaba don Diego, cuando oyeron que en la puerta de la calle decían a grandes voces:

—Díganle a Tomás Pedro, el mozo de la cebada, cómo llevan a su amigo el Asturiano preso; que acuda a la cárcel, que allí lo espera.

A la voz de cárcel y de preso, dijo el corregidor que entrase el preso y el alguacil que le llevaba. Dijeron al alguacil que el corregidor, que estaba allí, le mandaba entrar con el preso; y así lo hizo.

Tenía el Asturiano todos los dientes bañados en sangre, y muy malparado y muy bien agarrado por el alguacil; y, así como entró en la sala, reconoció a su padre y al de Avendaño. Se turbó, y, por no ser reconocido, con un paño se cubrió el rostro haciendo como que se limpiaba la sangre. Preguntó el corregidor qué había hecho aquel mozo, que tan malparado le llevaban. Respondió el alguacil que aquel mozo era un aguador al que lo llamaban el Asturiano, y al que los muchachos por las calles decían: «¡Daca la cola, Asturiano: daca la cola!»; y luego, en breves palabras, contó la causa porque le pedían esa cola, de lo que cual se rieron todos. Dijo más: que, saliendo por el puente de Alcántara, dándole los muchachos la lata con lo de la cola, se había bajado del asno, y, persiguiéndolos, alcanzó a uno, a quien dejó medio muerto a palos; y que, queriéndolo apresar, se había resistido, y que por eso iba tan malparado.

Mandó el corregidor que se descubriese el rostro; y, pensado que no iba a querer descubrirse, llegó el alguacil y le quitó el pañuelo, y al punto le conoció su padre, y dijo todo alterado:

—Hijo don Diego, ¿cómo estás de esta manera? ¿Qué traje es este? ¿Aún no se te han olvidado tus picardías?

Hincó las rodillas Carriazo y se puso a los pies de su padre, que, con lágrimas en los ojos, lo abrazó un buen rato. Don Juan de Avendaño, como sabía que don Diego había venido con don Tomás, su hijo, le preguntó por él, a lo cual respondió que don Tomás de Avendaño era el mozo que daba cebada y paja en aquella posada. Con esto que el Asturiano dijo se acabó de apoderar la admiración en todos los presentes, y mandó el corregidor al posadero que trajese allí al mozo de la cebada.

—Yo creo que no está en casa —respondió el posadero—, pero lo buscaré.

Y fue a buscarlo. Preguntó don Diego a Carriazo que qué transformaciones eran aquellas, y qué les había movido a ser él aguador y don Tomás mozo de mesón. A lo cual respondió Carriazo que no podía satisfacer a aquellas preguntas tan en público; que él respondería a solas.

Estaba Tomás Pedro escondido en su cuarto, para ver desde allí, sin ser visto, lo que hacían su padre y el de Carriazo. Le tenía sorprendido la venida del corregidor y el alboroto que en toda la casa andaba. No faltó quien le dijese al posadero cómo estaba allí escondido; subió por él, y más por fuerza que por grado le hizo bajar; y aun no bajara si el mismo corregidor no saliera al patio y lo llamara por su nombre, diciendo:

—Baje, señor pariente, que aquí no le aguardan ni osos ni leones.

Bajó Tomás, y, con los ojos bajos y sumisión grande, se hincó de rodillas ante su padre, el cual lo abrazó con grandísimo contento, como lo tuvo el padre del Hijo Pródigo cuando este volvió.

En esto había venido un coche del corregidor, para volver en él, pues la gran fiesta no permitía volver a caballo. Hizo llamar a Constanza, y, tomándola de la mano, se la presentó a su padre, diciendo:

—Recibid, señor don Diego, esta prenda, y estimadla como la más rica que acertarais a desear. Y vos, hermosa doncella, besad la mano a vuestro padre y dad gracias a Dios, que con tan honrado suceso ha corregido, subido y mejorado la bajeza de vuestro estado.

Constanza, que no sabía ni imaginaba lo que le había pasado, toda turbada y temblando, no supo hacer otra cosa que hincarse de rodillas ante su padre; y, tomándole las manos, se las comenzó a besar tiernamente, bañándoselas con infinitas lágrimas que por sus hermosísimos ojos derramaba.

En tanto que esto pasaba, había persuadido el corregidor a su primo don Juan que se viniesen todos con él a su casa; y, aunque don Juan no quería, fueron tanta la insistencia del corregidor, que lo tuvo que conceder; y así, entraron en el coche todos. Pero, cuando dijo el corregidor a Constanza que entrase también en el coche, se le nubló el corazón, y ella y la posadera se abrazaron una a otra y comenzaron tan amargo llanto, que quebraba los corazones de cuantos lo escuchaban. Decía la posadera:

—¿Cómo es, hija de mi corazón, que te vas y me dejas? ¿Cómo tienes ánimo de dejar a esta madre, que con tanto amor te ha criado?

Constanza lloraba y le respondía con no menos tiernas palabras. Pero el corregidor, enternecido, mandó que asimismo la posadera entrase en el coche, y que no se apartase de su hija, pues por tal la tenía, hasta que saliese de Toledo. Así, la posadera y todos entraron en el coche, y fueron a casa del corregidor, donde fueron bien recibidos por su mujer, que era una señora principal. Comieron regalada y abundantemente, y después de comer contó Carriazo a su padre cómo por amores de Constanza, don Tomás se había puesto a servir en el mesón, y que estaba enamorado de tal manera de ella, que, sin que hubiera descubierto que fuese tan principal, como era siendo su hija, la tomara por mujer en el estado de fregona. Vistió luego la mujer del corregidor a Constanza con unos vestidos de una hija que tenía de la misma edad y cuerpo de Constanza; y si parecía hermosa con los de labradora, con los vestidos cortesanos parecía cosa del cielo: tan bien les sentaban, que daba a entender que desde que nació había sido señora y usado los mejores trajes que el uso trae consigo.

Pero, entre tanta alegría, no pudo faltar un triste, que fue don Pedro, el hijo del corregidor, que pronto se imaginó que Constanza no había de ser suya; y así fue la verdad, porque, entre el corregidor y don Diego de Carriazo y don Juan de Avendaño, se concertaron en que don Tomás se casase con Constanza, dándole su padre los treinta mil escudos que su madre le había dejado, y el aguador don Diego de Carriazo casase con la hija del corregidor, y don Pedro, el hijo del corregidor, con una hija de don Juan de Avendaño; que su padre se ofrecía a traer como dispensa del parentesco.

De esta manera quedaron todos contentos, alegres y satisfechos, y la noticia de los casamientos y de la ventura de la fregona ilustre se extendió por la ciudad; y acudía infinidad de personas para ver a Constanza en el nuevo hábito, con el que tan señora se mostraba tal como se ha dicho. Vieron al mozo de la cebada, Tomás Pedro, convertido en don Tomás de Avendaño y vestido como un señor; notaron que Lope Asturiano era muy gentilhombre después que había cambiado el vestido y dejado el asno y las aguaderas; pero, con todo eso, no faltaba quien, en el medio de su pompa, cuando iba por la calle, no le pidiese la cola.

Un mes estuvieron en Toledo, al cabo del cual se volvieron a Burgos don Diego de Carriazo y su mujer, su padre, y Constanza con su marido don Tomás, y el hijo del corregidor, que quiso ir a ver su parienta y esposa. Quedó el Sevillano rico con los mil escudos y con muchas joyas que Constanza dio a su señora; que siempre con este nombre llamaba a la que la había criado. Dio ocasión la historia de la fregona ilustre a que los poetas del dorado Tajo ejercitasen sus plumas en solemnizar y en alabar la sin par hermosura de Constanza, la cual aún vive en compañía de su buen mozo de mesón; y Carriazo, ni más ni menos, con tres hijos, que, sin tomar el estilo del padre ni acordarse si hay almadrabas en el mundo, hoy están todos estudiando en Salamanca; y su padre, apenas ve algún asno de aguador, cuando se le representa y viene a la memoria el que tuvo en Toledo; y teme que, cuando menos se cate, ha de remanecer en alguna sátira el «¡Daca la cola, Asturiano! ¡Asturiano, daca la cola!».

◆ 6 ◆

LA ESPAÑOLA INGLESA

En el botín que los ingleses se llevaron de la ciudad de Cádiz[64], Clotaldo, un caballero inglés, capitán de una escuadra de navíos, se llevó a Londres una niña de siete años, poco más o menos; y esto contra la voluntad y sabiduría del conde de Leste[65], que con gran diligencia hizo buscar a la niña para devolvérsela a sus padres, que ante él se quejaron de la falta de su hija, pidiéndole que, pues se contentaba con las haciendas y dejaba libres las personas, no fuesen ellos tan desdichados que, ya que quedaban pobres, quedasen sin su hija, que era la luz de sus ojos y la más hermosa criatura que había en toda la ciudad.

Mandó el conde hacer un bando por toda su armada que, bajo pena de la vida, devolviera la niña quien la tuviese; pero ninguna pena ni temor bastaron para que Clotaldo le obedeciese; este la tuvo escondida en su nave, aficionado, aunque cristianamente, a la incomparable hermosura de Isabel, que así se llamaba la niña. Finalmente, sus padres

---

[64] Cádiz fue saqueada varias veces a finales del siglo XVI, tanto por Drake como por el conde de Essex. Se cree que Cervantes se basa en estos hechos para desarrollar su historia.

[65] Probablemente sea Leicester.

se quedaron sin ella, tristes y desconsolados, y Clotaldo, muy feliz, llegó a Londres y entregó como riquísimo botín para su mujer a la hermosa niña.

Quiso la buena suerte que todos en casa de Clotaldo fueran católicos secretos, aunque en público fingían seguir las ideas de su reina. Tenía Clotaldo un hijo llamado Ricaredo, de doce años de edad, enseñado por sus padres a amar y temer a Dios y educado en las verdades de la fe católica. Catalina, la mujer de Clotaldo, noble, cristiana y prudente señora, le tomó tanto cariño a Isabel que, como si fuera su hija, la criaba, regalaba e instruía; y la niña era tan inteligente, que fácilmente aprendía cuanto le enseñaban. Con el tiempo y con los regalos, fue olvidando los que sus padres verdaderos habían hecho por ella; pero no lo suficiente para dejar de recordar y suspirar por ellos muchas veces; y, aunque iba aprendiendo la lengua inglesa, no olvidaba la española, sobre todo porque Clotaldo tenía cuidado de traer a casa secretamente españoles para que hablasen con ella. De esta manera, sin olvidar la suya, como está dicho, hablaba la lengua inglesa como si hubiera nacido en Londres.

Después de haberle enseñado todas las cosas de labor que puede y debe saber una doncella bien nacida, la enseñaron a leer y escribir más que medianamente; pero en lo que más destacó fue en tocar todos los instrumentos que a una mujer son lícitos, y esto con toda perfección de música, acompañándola con una preciosa voz que le dio el cielo, tan perfecta que encantaba a todos cuando cantaba.

Todas estas gracias, adquiridas y añadidas a las suyas naturales, poco a poco fueron encendiendo la pasión de Ricaredo, a quien ella, como a hijo de su señor, quería y servía. Al principio le asaltó el amor con un modo de agradarse y complacerse al ver la singular belleza de Isabel, y de considerar sus infinitas virtudes y gracias, amándola como si fuera su hermana, sin que sus deseos se apartaran de los términos honrados y virtuosos. Pero, al crecer Isabel, cuando tenía doce años, ya Ricaredo ardía en deseos de gozarla y poseerla: no porque aspirase a esto por otros medios que los de ser su esposo, pues de la incomparable honestidad de Isabela (que así la llamaban ellos) no se podía esperar otra cosa, ni aun él quisiera esperarla, aunque pudiera, porque la noble condición suya, y la estimación en que a Isabela tenía, no consentían que ningún mal pensamiento echase raíces en su alma.

Mil veces pensó manifestar su voluntad a sus padres, y otras tantas desaprobó su deseo porque él sabía que estaba destinado para ser esposo de una muy rica y principal doncella escocesa, asimismo secreta cristiana como ellos. Y estaba claro, según él decía, que no habían de querer dar a una esclava (si este nombre se podía dar a Isabela) lo que ya tenían concertado de dar a una señora. Y así, perplejo y pensativo, sin saber qué camino tomar, pasaba una vida tal, que lo puso a punto de perderla. Pero, pareciéndole ser gran cobardía dejarse morir sin intentar encontrar remedio a su dolencia, se animó y esforzó a declarar su intento a Isabela.

Andaban los de casa tristes y alborotados por la enfermedad de Ricaredo, que por todos era querido, y mucho más por sus padres por no tener otro hijo y porque lo merecía su gran virtud, valor y entendimiento. No le acertaban los médicos la enfermedad, ni él osaba ni quería que se descubriera. En fin, puesto en romper por las dificultades que él se imaginaba, un día que entró Isabela a servirle, viéndola sola, con desmayada voz y lengua turbada le dijo:

—Hermosa Isabela, tu valor, tu gran virtud y hermosura me tienen enfermo como me ves; si no quieres que deje la vida en manos de las mayores penas que pueden imaginarse, responda el tuyo a mi buen deseo, que no es otro que el de recibirte por esposa a espaldas de mis padres, de los cuales temo que, por no conocer lo que yo conozco que mereces, me han de negar el bien que tanto me importa. Si me das palabra de ser mía, yo te la doy, desde luego, como verdadero y católico cristiano, de ser tuyo; que, aunque no llegue a gozarte, como no llegaré, hasta que con la bendición de la Iglesia y de mis padres sea, imaginar con seguridad que eres mía será suficiente para darme salud y mantenerme alegre y contento hasta que llegue el feliz punto que deseo.

Mientras esto dijo Ricaredo, estuvo escuchándole Isabela, con los ojos bajos, mostrando en aquel punto que su honestidad se igualaba a su hermosura, y su gran discreción a su recato. Y así, viendo que Ricaredo callaba, honesta, hermosa y discreta, le respondió de esta manera:

—Después que quiso el rigor o la clemencia del cielo, que no sé a cuál de estos extremos lo atribuya, quitarme a mis padres, señor Ricaredo, y darme a los vuestros, agradecida a las infinitas mercedes que me han hecho, determiné que jamás mi voluntad saliese de la suya; y así, sin ella tendría no por buena, sino por mala fortuna la inestimable merced que queréis hacerme. Si con su sabiduría fuere yo tan venturosa que os merezca, desde aquí os ofrezco la voluntad que ellos me dieren; y, mientras que esto se dilatare o no fuere, entretengan vuestros deseos saber que los míos serán eternos y limpios en desearos el bien que el cielo puede daros.

Aquí puso silencio Isabela a sus honestas y discretas razones, y allí comenzó la salud de Ricaredo, y comenzaron a revivir las esperanzas de sus padres, que en su enfermedad muertas estaban.

Se despidieron los dos cortésmente: él, con lágrimas en los ojos; ella, con admiración en el alma de ver tan rendida a su amor la de Ricaredo, quien, levantado del lecho, al decir de sus padres por un milagro, no quiso ocultar más sus pensamientos. Y así, un día se los manifestó a su madre, diciéndole en el fin de su charla, que fue larga, que, si no lo casaban con Isabela, que el negársela y darle la muerte era la misma cosa. Con tales razones subió al cielo las virtudes de Isabela Ricaredo, que le pareció a su madre que Isabela era la engañada en llevar a su hijo por esposo. Dio buenas esperanzas a su hijo de disponer a su padre a que con gusto viniese en lo que ya ella también venía; y así fue; que, diciendo a su marido las mismas razones que a ella había dicho su hijo, con facilidad le movió a querer lo que tanto su hijo deseaba, fabricando escusas que impidiesen el casamiento que casi tenía concertado con la doncella de Escocia.

En ese tiempo tenía Isabela catorce y Ricaredo veinte años; y, en esta tan verde y tan florida edad, su mucha discreción y conocida prudencia los convertía en ancianos. Cuatro días faltaban para que llegara el día en el que los padres de Ricaredo querían que su hijo inclinase el cuello al yugo santo del matrimonio, teniéndose por prudentes y muy dichosos de haber escogido a su prisionera por hija, teniendo en más la dote de sus virtudes que la mucha riqueza que con la escocesa les ofrecía. Todo estaba a punto, los parientes y los amigos convidados, y no faltaba nada más comunicar a la reina el acuerdo; porque, sin su voluntad y consentimiento, entre los de ilustre sangre, no se puede efectuar casamiento alguno; pero no dudaron del permiso, y así, se detuvieron en pedirla. Digo, pues, que, estando en este estado, cuando faltaban cuatro días para su boda, una tarde cambió su alegría un ministro de la reina que dio un recado a Clotaldo: que su majestad mandaba que al día siguiente por la mañana llevasen ante su presencia a la prisionera, la española de Cádiz. Le respondió Clotaldo que de muy buena gana haría lo que su majestad le ordenaba. Se fue el ministro, y dejó los pechos de todos llenos de turbación, de sobresalto y miedo.

—¡Ay —decía la señora Catalina—, si sabe la reina que he criado a esta niña en la fe católica, y de aquí deduce que todos los de esta casa somos cristianos! Si la reina le pregunta qué ha aprendido en ocho años que hace que es prisionera, ¿qué debe responder que no nos condene, por más discreción que tenga?

Oyendo esto Isabela, le dijo:

—No tema, señora mía, que yo confío en que el cielo me dé las palabras necesarias en ese momento que, por su divina misericordia, no solo no os condenen, sino que sirvan en vuestro provecho.

Temblaba Ricaredo, como adivinando algún mal suceso. Clotaldo buscaba modos que pudiesen dar ánimo a su gran temor, y no los hallaba sino en la mucha confianza que en Dios tenía y en la prudencia de Isabela, a quien encomendó mucho que, por todas las vías que pudiese excusase el condenarlos por católicos; que, puesto que estaban dispuestos a recibir martirio, todavía la carne enferma rehusaba su amarga carrera. Una y muchas veces le aseguró Isabela estuviesen seguros de que por su causa no sucedería lo que temían y sospechaban, porque, aunque ella entonces no sabía lo que tenía que responder a las preguntas que le hicieran, tenía esperanza en que respondería de modo que, como otra vez había dicho, sus respuestas les sirviesen de abono.

Pensaron aquella noche en muchas cosas, especialmente en el hecho de que si la reina supiera que eran católicos, no les hubiera enviado un recado tan suave, por lo que se podía deducir que la reina solamente quería ver a Isabela, puesto que su hermosura y habilidades habrían llegado a sus oídos, como a todos los de la ciudad. Pero precisamente por no habérsela presentado eran culpables, por lo cual sería bueno que se disculparan diciendo que desde que entró en su poder la eligieron y señalaron para futura esposa de su hijo Ricaredo. Pero también en esto eran culpables, por haber acordado el casamiento sin permiso de la reina, aunque esta culpa no les pareció digna de mucho castigo.

Con esto se consolaron, y acordaron que Isabela no fuese vestida humildemente, como prisionera, sino como esposa, pues ya lo era de tan principal esposo como su hijo.

De este modo, vistieron a Isabela a la española, con una saya entera de raso verde, acuchillada y forrada en rica tela de oro, tomadas las cuchilladas con unas eses de perlas, y toda ella bordada de muy ricas perlas; collar y cintura de diamantes, y un abanico al modo de las damas españolas; sus mismos cabellos, que eran muchos, rubios y largos, entretejidos y sembrados de diamantes y perlas, le servían como tocado. Con este adorno riquísimo y con su apuesta disposición y belleza, se mostró aquel día a Londres sobre una hermosa carroza, llevando colgados de su vista las almas y los ojos de cuantos la miraban. Iban con ella Clotaldo y su mujer y Ricaredo en la carroza, y a caballo muchos ilustres parientes suyos. Toda esta honra quiso hacer Clotaldo a su prisionera, para obligar a la reina a que la tratase como a la esposa de su hijo.

Llegados a palacio, y a una gran sala donde la reina estaba, entró por ella Isabela, dando de sí la más hermosa muestra que pudo caber en una imaginación. Era la sala grande y espaciosa, y a dos pasos se quedó el acompañamiento y se adelantó Isabela; y, como se quedó sola, parecía la estrella que por la región del fuego se mueve en serena y sosegada noche, o un rayo del sol que al salir del día por entre dos montañas se descubre. Todo esto parecía, y también un cometa que pronosticó el incendio de más de un alma de los que allí estaban, a quien Amor abrasó con los rayos de los hermosos soles de Isabela; quien, llena de humildad y cortesía, se puso de rodillas ante la reina, y, en lengua inglesa, le dijo:

—Dé vuestra majestad las manos a esta su sierva, que, desde hoy más, se tendrá por señora, pues ha sido tan venturosa que ha llegado a ver vuestra grandeza.

La estuvo mirando la reina durante un buen rato, sin hablarle palabra, pareciéndole, como después dijo a su camarera, que tenía delante un cielo estrellado, cuyas estrellas eran las perlas y diamantes que Isabela traía; su bello rostro y sus ojos, el sol y la luna, y toda ella una nueva maravilla de hermosura. Las damas que estaban con la reina quisieran hacerse todas ojos[66], porque no les quedaba cosa alguna por mirar en Isabela: la viveza de sus ojos,

---

[66] Les resultaba tan atractiva que reclamaba la atención de su mirada, de lo bonita que era.

el color de su rostro, la gallardía de su cuerpo y la dulzura de su habla; y alguna dama, de pura envidia, dijo:

—Buena es la española, pero no me gusta su traje.

Después que pasó algún rato, la reina, haciendo levantar a Isabela, le dijo:

—Habladme en español, doncella, que yo lo entiendo bien y me gustará oírte[67].

Y, volviéndose a Clotaldo, dijo:

—Clotaldo, un agravio me habéis hecho con tener este tesoro tantos años escondido; pero veo que es tan grande que os haya movido la codicia: obligado estáis a restituírmelo, porque por derecho es mío.

—Señora —respondió Clotaldo—, verdad es lo que vuestra majestad dice: confieso mi culpa, si la es haber guardado este tesoro a que fuese en la perfección que mejor convenía para aparecer al fin ante vuestros ojos, majestad; y, ahora que llegó el día, pensaba traerlo mejorado, pidiendo permiso a vuestra majestad para que Isabela fuese esposa de mi hijo Ricaredo, y daros, majestad, con los dos, todo cuanto puedo daros.

—Hasta el nombre me contenta —respondió la reina—: no le faltaba más sino llamarse Isabela la española, para que no me quedara nada de perfección que desear en ella. Pero sabed, Clotaldo, que sé bien que sin mi permiso la teníais prometida a vuestro hijo.

---

[67] En la historia, más adelante, se dice que la reina no hablaba español, pero está documentado que hablaba castellano, francés e italiano desde muy joven.

—Es verdad, señora —respondió Clotaldo—, pero fue en la confianza que supone los muchos e importantes servicios que mis antepasados y yo hemos hecho a esta corona, alcanzando a vuestra majestad otros galardones más dificultosos que los de este permiso; sobre todo, porque aún no está casado mi hijo.

—Ni lo estará —dijo la reina— con Isabela hasta que por sí mismo lo merezca. Quiero decir que no quiero que para esto se aproveche de vuestros servicios ni los de vuestros antepasados: él por sí mismo me ha de servir para merecer esta prenda, a quien estimo ya como si fuese mi hija.

Apenas oyó esta última palabra Isabela, cuando se volvió a hincar de rodillas ante la reina, diciéndole en lengua castellana:

—Las desgracias que tales descuentos traen, serenísima señora, antes se han de tener por dichas que por desventuras. Ya vuestra majestad me ha dado el nombre de hija: sobre tal prenda, ¿qué males podré temer o qué bienes no podré esperar?

Con tanta gracia hablaba Isabela, que la reina se aficionó a ella en extremo y mandó que se quedara a su servicio, entregándosela a una gran señora, su camarera mayor, para enseñarle su modo de vida.

Ricaredo, que se vio perder la vida al quitarle a Isabela, estuvo a punto de perder el juicio; y temblando y con sobresalto, se hincó de rodillas ante la reina diciéndole:

—Para servir a vuestra majestad no hace falta incitarme con otros premios que con aquellos que mis padres y mis antepasados alcanzaron sirviendo a sus reyes; pero, ya que vuestra majestad quiere que la sirva con nuevos deseos y pretensiones, querría saber en qué modo y en qué ejercicio podré mostrar que cumplo con la obligación que vuestra majestad me pone.

—Dos navíos —respondió la reina— están preparados para partir en corso[68], de los cuales he hecho general al barón de Lansac: de uno de ellos os hago capitán, porque la sangre de donde venís me asegura que ha de suplir la falta de vuestros años. Y notad el favor que os hago, pues os doy la ocasión de que, sirviendo a vuestra reina, mostréis el valor de vuestro ingenio y de vuestra persona, y alcancéis el mejor premio que a mi parecer podéis acertar a desearos. Yo misma os guardaré a Isabela, aunque ella da muestras de que su honestidad será su verdadera guarda. Id con Dios, que, pues vais enamorado, como imagino, grandes cosas espero de vuestras hazañas. Feliz fuera el rey batallador que tuviera en su ejército diez mil soldados amantes que esperaran a que el premio de sus vitorias había de ser disfrutar de sus amadas. Levantaos, Ricaredo, y mirad si tenéis o queréis decir algo a Isabela, porque partiréis mañana.

Besó las manos Ricaredo a la reina, estimando en mucho el favor que le hacía, y luego se fue a hincar de rodillas ante Isabela; y, queriéndola hablar, no pudo, porque se le puso un nudo en la garganta que le ató la lengua y las lágrimas acudieron a los ojos, y él las disimuló lo más rápido posible. Pero, con esto, no se pudieron disimular a la vista de la reina, pues dijo:

—No os avergoncéis, Ricaredo, por llorar, ni os tengáis en menos por haber dado en este trance tan tiernas muestras

---

[68] Campaña marítima que se hace contra el comercio enemigo, siguiendo las leyes de la guerra.

de vuestro corazón: que una cosa es pelear con los enemigos y otra despedirse de quien bien se quiere. Abrazad, Isabela, a Ricaredo y dadle vuestra bendición, que bien lo merece su sentimiento.

Isabela, que estaba sorprendida y atónita al ver la humildad y dolor de Ricaredo, que como a su esposo le amaba, no entendió lo que la reina le mandaba, antes comenzó a derramar lágrimas, tan sin pensar lo que hacía, y tan seria y sin movimiento, que parecía que lloraba una estatua de alabastro. Estos afectos de los dos amantes, tan tiernos y tan enamorados, hicieron verter lágrimas a muchos de los presentes; y, sin hablar más Ricaredo, y sin haber hablado con Isabela, haciendo Clotaldo y los que con él venían reverencia a la reina, salieron de la sala, llenos de compasión, de despecho y de lágrimas.

Quedó Isabela como huérfana que acaba de enterrar sus padres, y con temor que la nueva señora quisiese que cambiase las costumbres en que la primera la había criado. Al final se quedó, y en dos días Ricaredo se hizo a la mar, combatido, entre otros muchos, de dos pensamientos que le tenían fuera de sí: uno, considerar que le convenía realizar hazañas que le hiciesen merecedor de Isabela; y otro, que no podía hacer ninguna, si tenía que responder a su católica formación, que le impedía desenvainar la espada contra católicos; y si no la desenvainaba, se notaría lo de ser cristiano o cobarde, y todo esto redundaba en perjuicio de su vida y en obstáculo de lo que pretendía. Al final, determinó posponer al gusto de enamorado el que tenía que ser católico, y en su corazón pedía al cielo que le deparase ocasiones en el que, con ser valiente, cumpliese con ser cristiano, dejando a su reina satisfecha y a Isabela merecida.

Seis días navegaron los dos navíos con viento a favor, siguiendo la derrota de las islas Terceras[69], paraje donde nunca faltan o naves portuguesas de las Indias orientales o algunas de las rutas occidentales. Y, al cabo de los seis días, les dio de costado un viento muy fuerte (que en el mar océano tiene otro nombre distinto al del Mediterráneo, donde se llama *mediodía*); este viento fue tan duradero y tan fuerte que, sin dejarles alcanzar las islas, les obligó a ir a España; y, junto a su costa, a la boca del estrecho de Gibraltar, descubrieron tres navíos: uno poderoso y grande, y dos pequeños. Se dirigió la nave de Ricaredo a la nave capitana para saber de su general si quería embestir a los tres navíos que habían descubierto; y, antes de que a ella llegase, vio poner sobre el palo mayor un estandarte negro, y, llegando más cerca, oyó que sonaban en la nave clarines y trompetas roncas: señales claras de que o bien el general había muerto o alguna otra persona principal. Con este sobresalto llegaron a poderse hablar, que no lo habían hecho después de que salieron del puerto. Dieron voces desde la nave capitana, diciendo que el capitán Ricaredo pasase a ella, porque el general, durante la noche anterior había muerto de una apoplejía. Todos se entristecieron, menos Ricaredo, que se alegró, no por la muerte de su general, sino por ver que él quedaba libre para mandar en los dos navíos, que esa fue la orden de la reina: faltando el general, lo fuese Ricaredo quien, rápidamente, se trasladó a la capitana, en donde se encontró que unos lloraban por el general muerto y otros se alegraban con el vivo. Finalmente, los unos y los otros le prometieron obediencia y lo aclamaron como su general con breves ceremonias, no dando lugar a más porque

---

[69] Pertenecientes a las islas Azores.

dos de los tres navíos que habían descubierto, desviándose del más grande, a las dos naves se dirigían.

Pronto supieron que eran galeras turcas, por las medias lunas que en las banderas mostraban, hecho que agradó mucho a Ricaredo, pareciéndole que aquellas presas, si el cielo se las concediera, serían considerablemente buenas, sin haber ofendido a ningún católico. Las dos galeras turcas llegaron a reconocer los navíos ingleses, los cuales no traían insignias de Inglaterra, sino de España, para confundir a quienes los reconocieran y no los consideraran navíos corsarios. Creyeron los turcos que eran naves que seguían la ruta de las Indias y que fácilmente las rendirían. Se fueron acercando poco a poco, y Ricaredo las dejó aproximarse hasta tenerlas al alcance de su artillería; mandó disparar tan a tiempo que con cinco balas de cañón dio en la mitad de una de las galeras, con tanta furia, que la abrió por la mitad. Dio luego a la banda, y comenzó a irse a pique sin remedio. La otra galera, viendo tan mal suceso, con mucha prisa quiso auxiliar a su nave principal, y le llevó a ponerse debajo de su costado; pero Ricaredo, que tenía a los suyos preparados y ligeros, y que salían y entraban como si tuvieran remos, mandando cargar de nuevo toda la artillería, los fue siguiendo hasta la nave, cayendo sobre ellos una infinidad de cañonazos.

Los de la galera abierta la abandonaron, y con prisa intentaron subir a la nave principal, como vio Ricaredo que la galera sana se ocupaba de la rendida, cargó sobre ella con sus dos navíos, y, sin dejarla rodear ni valerse de los remos, la dejó inútil: los turcos se aprovecharon asimismo del refugio de acoplarse a la nave, no para defenderse en ella, sino para salvar sus vidas.

Los cristianos cautivos que estaban en las galeras turcas, arrancando las argollas que los encadenaban y rompiéndolas, mezclados con los turcos, también subieron a la nave; y, como iban subiendo por su costado, con la arcabucería de los navíos los iban tirando como tiro al blanco; a los turcos al igual que a los cristianos mandó Ricaredo que no los tirasen nadie. De esta manera, casi todos los turcos fueron muertos, y los que entraron dentro de la nave, al estar mezclados por los forzados cristianos, se aprovecharon de sus mismas armas, y fueron hechos pedazos: que la fuerza de los valientes, cuando caen, se pasa a la flaqueza de los que se levantan. Y así, con el calor que les daba a los cristianos pensar que los navíos ingleses eran españoles, hicieron por su libertad maravillas. Finalmente, habiendo muerto casi todos los turcos, algunos españoles se pusieron al borde del navío, y a grandes voces llamaron a los que pensaban ser españoles entrasen a disfrutar el premio de la victoria.

Les preguntó Ricaredo en español qué navío era aquel. Le respondieron que era una nave que procedía de la India portuguesa, cargada de especies además de perlas y diamantes que valían más de un millón en oro, y que con tormenta había llegado a aquel lugar, destruida y sin artillería, por haberla echado a la mar la gente, enferma y casi muerta de sed y de hambre; y que aquellas dos galeras, que eran del cosario Arnaúte Mamí, el día anterior la habían rendido sin defensa; y que, por lo que habían oído decir, al no poder cargar tanta riqueza en sus dos bajeles, la llevaban a remolque para meterla por el río de Larache, que estaba allí cerca.

Ricaredo les respondió que, si ellos pensaban que aquellos dos navíos eran españoles, se engañaban; que eran de la reina de Inglaterra; esta noticia les dio que pensar y que temer, pensando, como era normal que pensasen, que de un lazo habían caído en otro. Pero Ricaredo les dijo que no temiesen a daño alguno y que serían libres, con tal que no se defendiesen o atacasen.

—No es posible defendernos o atacar —respondieron—, porque, como se ha dicho, este navío no tiene artillería ni nosotros armas; así que, nos es obligado aceptar la gentileza y liberalidad de vuestro general; pues será justo que quien nos ha librado del insufrible cautiverio de los turcos lleve adelante tan gran beneficio, hecho que le hará famoso en todas partes donde llegue la noticia de esta memorable vitoria y de su generosidad, más esperada por nosotros que temida.

No le parecieron mal a Ricaredo las razones del español; y, llamando a consejo los de su navío, les preguntó cómo haría para enviar todos los cristianos a España sin ponerse en peligro de algún siniestro suceso. Hubo algunos que propusieron que los hiciese pasar uno a uno a su navío para matarlos tal como fuesen entrando debajo de cubierta, y llevar así la gran nave a Londres, sin temor ni cuidado alguno.

A esto respondió Ricaredo:

—Puesto que Dios nos ha hecho tan gran favor dándonos tanta riqueza, no quiero corresponderle siendo tan cruel y desagradecido, ni es bueno que lo que puedo remediar con el comercio lo remedie con la espada. Por todo esto, mi idea es que ningún cristiano católico muera: no porque los quiero bien, sino porque me quiero a mí muy bien, y querría que esta hazaña de hoy ni a mí ni a vosotros, que en ella me habéis sido fieles compañeros, nos diese, mezclado con el nombre de valientes, el otro nombre de crueles: porque nunca casó bien la crueldad con la valentía. Lo que debemos hacer es que toda la artillería de un navío de estos se pase a la gran nave portuguesa, sin dejar en el navío otras armas ni otra que no sean las provisiones, y despreocupándonos, la llevaremos a Inglaterra, y los españoles se irán a España.

Nadie osó contradecir lo que Ricaredo había propuesto, y algunos le tuvieron por valiente y magnánimo y de buen entendimiento; otros le juzgaron en sus corazones por más católico de lo que debía. Resuelto, pues, en esto Ricaredo, pasó con cincuenta arcabuceros a la nave portuguesa, todos alerta y con las cuerdas encendidas. Halló en la nave casi trecientas personas que habían escapado de las galeras. Pidió luego el registro de la nave, y le respondió el mismo que desde el borde le habló la vez primera, que el registro le había tomado el cosario de los bajeles, que con ellos se había ahogado. Al instante puso el torno en orden, y, acostando su segundo bajel a la gran nave, con maravillosa presteza y con la fuerza de fortísimos cabestrantes, pasaron la artillería del pequeño bajel a la nave mayor. Luego, haciendo una breve charla a los cristianos, les mandó pasar al otro bajel, donde hallaron provisiones en abundancia para más de un mes y para más gente; y, así como se iban embarcando, dio a cada uno cuatro escudos de oro españoles, que hizo traer de su navío, para remediar en parte su necesidad cuando llegasen a tierra: que estaba tan cerca, que las altas montañas de Abila y Calpe desde allí se divisaban. Todos le dieron infinitas gracias por el favor que les hacía, y el último por embarcarse era aquel que por los demás había hablado, quien dijo:

—Ruego, valeroso caballero, que me lleves contigo a Inglaterra y que no que me envíes a España; porque, aunque sea mi patria y no hace sino seis días que de ella partí, no he de encontrar en ella otra cosa que no sea mi tristeza y mi soledad. Sabrá, señor, que, en la pérdida de Cádiz, hecho que sucedió hará quince años, perdí a una hija que los ingleses debieron llevarse a Inglaterra, y con ella perdí el descanso de mi vejez y la luz de mis ojos; que, después que no la vieron, nunca han visto cosa que de su gusto sea. El grave descontento en que me dejó su pérdida y la de la hacienda, que también me faltó, me pusieron de manera que no quise más ni pude ejercer como mercader, aunque la gente pensara que iba a ser el más rico mercader de toda la ciudad. Y era verdad, pues además del capital, que ascendía a muchos centenares de millares de escudos, mi hacienda valía, dentro de las puertas de mi casa, más de cincuenta mil ducados; pues bien, todo lo perdí, y no hubiera perdido nada si no hubiera perdido a mi hija. Tras esta desgracia tan particular mía, mi mujer y yo, que es aquella triste dama que allí está sentada, decidimos irnos a las Indias, común refugio de los pobres generosos. Y, habiéndonos embarcado en un navío de aviso[70] hace seis días, a la salida de Cádiz dieron con el navío estos dos bajeles de cosarios, y nos hicieron cautivos, suceso que renovó nuestra desgracia y confirmó nuestra desventura. Y aún hubiera sido mayor si los cosarios no hubieran tomado aquella nave portuguesa, que los entretuvo hasta haber sucedido lo que él había visto.

Le preguntó Ricaredo cómo se llamaba su hija. Le respondió que Isabel. Con esto acabó de confirmar a Ricaredo lo

---

[70] Barco militar, usualmente rápido, que transportaba documentos y órdenes entre buques o la costa.

que ya había sospechado, que quien hablaba era el padre de su querida Isabela. Y, sin darle noticias de ella, le dijo que, de muy buena gana, llevaría a él y a su mujer a Londres, donde podría ser que encontraran noticias de lo que deseaban. Los hizo pasar luego a su nave capitana, poniendo marineros y guardas suficientes en la nao portuguesa.

Aquella noche izaron velas, y se dieron prisa por apartarse de las costas de España, porque el navío de los cautivos libres, entre los cuales también iban veinte turcos, a quien también Ricaredo liberó, para demostrar que más por su buena condición y generosidad se mostraba liberal, y no por simpatía a los católicos. Rogó a los españoles que, a la primera ocasión que tuvieran, diesen completa libertad a los turcos, que asimismo se mostraron agradecidos.

El viento, que daba señales de ser próspero y largo, comenzó a calmarse un poco, y su calma levantó gran temor en los ingleses, que culpaban a Ricaredo y a su liberalidad, diciéndole que los liberados podían dar aviso en España de aquel suceso, y que, si había galeones de armada en el puerto, podrían salir en su busca y ponerlos en un aprieto. Bien conocía Ricaredo que tenían razón, pero, venciéndolos a todos con buenas razones, los tranquilizó; pero más lo hizo el viento, pues volvió a refrescar de modo que, movieron fuerte las velas, sin tener necesidad de amainarlas ni templarlas, haciendo que, en nueve días, estuvieran a la vista de Londres; y, cuando en él, vitoriosos, regresaron, habían transcurrido treinta.

No quiso Ricaredo entrar en el puerto con muestras de alegría, dada la muerte de su general; y así, mezcló las señales alegres con las tristes: unas veces sonaban clarines regocijados; otras, trompetas roncas; unas tocaban los tambores, alegres y sobresaltadas armas, a quien con señas tristes y lamentables respondían los flautistas; de una vela colgaba, puesta al revés, una bandera de media luna; en otra se veía un largo estandarte de tafetán negro, cuyas puntas besaban el agua. Finalmente, con estos tan contrarios extremos entró en el río de Londres con su navío, porque la nave no tuvo fondo en él que la sufriese; y así, se quedó en la mar a lo largo.

Estas tan contrarias muestras y señales tenían sorprendido al pueblo que desde la ribera los miraba. Bien conocieron por algunas insignias que aquel navío menor era la capitana del barón de Lansac, pero no podían alcanzar cómo el otro navío se hubiese cambiado con aquella poderosa nave que en la mar se quedaba; pero los sacó de esta duda haber saltado en el esquife, armado con todas las armas posibles, ricas y resplandecientes, el valeroso Ricaredo, que a pie, sin esperar otro acompañamiento que aquel de un innumerable gentío que le seguía, se fue a palacio, donde ya la reina esperaba que le trajesen noticias de los navíos.

Estaba con la reina y otras damas, Isabela, vestida a la inglesa, y estaba tan bien como a la castellana. Antes que Ricaredo llegase, llegó otro que dio las nuevas a la reina de cómo venía Ricaredo. Se alegró mucho Isabela al oír el nombre de Ricaredo, y en aquel instante temió y esperó malos y buenos sucesos de su venida.

Era Ricaredo alto de cuerpo, hermoso y bien proporcionado. Y, como venía armado de peto, espaldar, gola[71] y brazaletes y bolsas, con unas armas milanesas, grabadas y

---

[71] Pieza de la armadura que defendía la garganta.

doradas, parecía en extremo bien a todos cuantos lo miraban; no le cubría la cabeza casco alguno, sino un sombrero de gran falda, de color leonado con mucha diversidad de plumas; la espada, ancha; los tiros del vestido, bordados; las calzas, a la suiza. Con este adorno y con el paso brioso que llevaba, algunos lo compararon con Marte, dios de la guerra, y otros, llevados de la hermosura de su rostro, lo compararon con Venus, que, para hacer alguna burla a Marte, de aquel modo se había disfrazado. En fin, él llegó ante la reina; puesto de rodillas, le dijo:

—Majestad, en fuerza de vuestra ventura y en consecución de mi deseo, después de haber muerto de una apoplejía el general de Lansac, quedando yo en su lugar, merced a la liberalidad vuestra, me deparó la suerte topar con dos galeras turcas que llevaban remolcando a la gran nave que hasta aquí trajimos. Las enfrentamos. Vuestros soldados pelearon como siempre, hundiendo los bajeles de los cosarios; en de los nuestros, en vuestro real nombre, di libertad a los cristianos que del poder de los turcos escaparon; solo traje conmigo a un hombre y a una mujer españoles, que por su propia decisión quisieron venir a ver la grandeza vuestra. Aquella nave es de las que vienen de la India de Portugal, la cual por tormenta vino a dar en poder de los turcos, que, con poco trabajo, o, por mejor decir, sin ninguno, la rindieron; y, según dijeron algunos portugueses de los que en ella venían, pasa de un millón de oro el valor de las especies y otras mercancías de perlas y diamantes que en ella vienen. A ninguna cosa se ha tocado, ni los turcos han llegado a ella, porque todo lo dedicó el cielo, y yo lo mandé guardar, para vuestra majestad, que con una joya sola que me dé, quedaré en deuda de otras diez naves: la joya de la que hablo ya vuestra majestad me la tiene prometida, que es mi buena Isabela. Con ella quedaré rico y premiado, no solo de este servicio que a vuestra majestad he hecho, sino de otros muchos que pienso hacer para pagar algo del todo casi infinito que en esta joya vuestra majestad me ofrece.

—Levantaos, Ricaredo —respondió la reina—, y creedme que, si por precio os hubiera de dar a Isabela, según yo la estimo, no la pudierais pagar ni con lo que trae esa nave ni con lo que queda en las Indias. Os la doy porque os la prometí, y porque ella es digna de vos y vos de ella. Vuestro valor solo la merece. Si habéis guardado las joyas de la nave para mí, yo os he guardado la joya vuestra para vos; y, aunque os parezca que no hago mucho en devolveros lo que es vuestro, yo sé que os hago mucho favor en ello; que las prendas que se compran a deseo y tienen su estimación en el alma del comprador, valen más que un alma: que no hay precio en la tierra con que apreciarla. Isabela es vuestra; cuando quisierais podéis tomar su entera posesión, y creo será con su agrado, porque es discreta y sabrá valorar la amistad que le hacéis, que no lo quiero llamar favor, sino amistad. Id a descansar y venidme a ver mañana, que quiero más particularmente oír vuestras hazañas; y traedme esos dos españoles que decís que por su voluntad han querido venir a verme, que se lo quiero agradecer.

Estrechó las manos Ricaredo por los muchos favores que le hacía. Entró la reina en una sala, y las damas rodearon a Ricaredo; y una de ellas, que había tomado gran amistad con Isabela, la señora Tansi, tenida por la más discreta, desenvuelta y graciosa de todas, dijo a Ricaredo:

—¿Qué es esto, señor Ricaredo, por qué tantas armas? ¿Pensabais acaso que veníais a pelear con vuestros enemigos?

Lo cierto es que aquí todas somos vuestras amigas, si no es la señora Isabela, que, como española, está obligada a no teneros buena voluntad.

—Acuérdese ella, señora Tansi, de tenerme alguna, que como yo esté en su memoria —dijo Ricaredo—, yo sé que la voluntad será buena, pues no puede caber en su mucho valor y entendimiento y rara hermosura la fealdad de ser desagradecida.

A lo cual respondió Isabela:

—Señor Ricaredo, puesto que he de ser vuestra, a vos está tomar de mí toda la satisfacción que quisierais para recompensaros de las alabanzas que me habéis dado y de los favores que pensáis hacerme.

Estas y otras honestas razones pasó Ricaredo con Isabela y con las damas, entre las cuales había una doncella de pequeña edad, la cual no hizo sino mirar a Ricaredo mientras allí estuvo. Le alzaba las bolsas, tratando de ver qué traía en ellas, le tocaba la espada y con simplicidad de niña quería que las armas le sirviesen de espejo, llegándose a mirar de muy cerca en ellas; y, cuando se hubo ido, volviéndose a las damas, dijo:

—Ahora, señoras, imagino que la guerra debe de ser una cosa hermosísima, pues, aunque estén entre mujeres, parecen bien los hombres armados.

—¡Cómo si parecen! —respondió la señora Tansi—; si no, mirad, a Ricaredo, que parece que el sol se ha bajado a la tierra y en su traje va caminando por la calle.

Rieron todas del dicho de la doncella y de la disparatada semejanza de Tansi, y no faltaron murmuradores que tuvieron por impertinencia el haber venido armado Ricaredo a palacio, aunque otros encontraron disculpa en esto pues dijeron que, como soldado, lo hizo para mostrar su gallarda bizarría.

Fue recibido Ricaredo por sus padres, amigos, parientes y conocidos con muestras de entrañable amor. Aquella noche se hicieron generales alegrías en Londres por su buen suceso.

Ya los padres de Isabela estaban en casa de Clotaldo, a quien Ricaredo había dicho quién eran, pero que no les diesen noticia alguna a Isabela hasta que él mismo se la diese. Este aviso tuvo la señora Catalina, su madre, y todos los criados y criadas de su casa. Aquella misma noche, con muchos bajeles, lanchas y barcos, y con no menos ojos que lo miraban, se comenzó a descargar la gran nave, que en ocho días no acabó de dar la mucha pimienta y otras riquísimas mercaderías que en su vientre encerradas tenía.

El día que siguió a esta noche fue Ricaredo a palacio, llevando consigo al padre y madre de Isabela, vestidos de nuevo a la inglesa, diciéndoles que la reina quería verlos. Llegaron todos donde la reina estaba en medio de sus damas, esperando a Ricaredo, a quien quiso alabar y favorecer teniendo junto a sí a Isabela, vestida con el mismo vestido que llevó la vez primera, mostrándose no menos hermosa ahora que entonces. Los padres de Isabela quedaron admirados y sorprendidos de ver tanta grandeza y bizarría junta. Pusieron los ojos en Isabela, y no la conocieron, aunque el corazón, presagio del bien que tan cerca tenían, les comenzó a saltar en el pecho, no con sobresalto que los entristeciese, sino con un no sé qué de gusto, que ellos no acertaban a entender. No consintió la reina que Ricaredo estuviese de rodillas ante ella; antes, le hizo levantar y sentar en una silla rasa, que para solo esto allí puesta tenían: inusitado favor, para la altiva condición de la reina; y alguno dijo a otro:

—Ricaredo no se sienta hoy sobre la silla que le han dado, sino sobre la pimienta que él trajo.

Otro acudió y dijo:

—Ahora se verifica lo que comúnmente se dice, que regalos quebrantan peñas, pues las que ha traído Ricaredo han ablandado el duro corazón de nuestra reina.

Otro acudió y dijo:

—Ahora que está tan bien ensillado, más de dos se atreverán a correrle.

En efecto, de aquella nueva honra que la reina hizo a Ricaredo tomó ocasión la envidia para nacer en muchos pechos de los que mirándolo estaban; porque no hay merced que el príncipe haga a su privado que no sea una lanza que atraviesa el corazón del envidioso. Quiso la reina saber de Ricaredo con detalle cómo había sido la batalla con los bajeles corsarios. Él la contó de nuevo, atribuyendo la vitoria a Dios y a los brazos valerosos de sus soldados, encareciéndolos a todos juntos y particularizando algunos hechos de algunos que más que los otros se habían señalado, con que obligó a la reina a hacer a todos favor, y en particular a los particulares; y, cuando llegó a decir la libertad que en nombre de su majestad había dado a los turcos y cristianos, dijo:

—Aquella mujer y aquel hombre que allí están, señalando a los padres de Isabela, son los que dije ayer a vuestra majestad que, con deseo de ver vuestra grandeza, encarecidamente me pidieron los trajese conmigo. Ellos son de Cádiz, y por lo que me han contado, y por lo que en ellos he visto y notado, sé que son gente principal y de valor.

Los mandó la reina que se acercaran. Alzó los ojos Isabela para mirar a los que decían ser españoles, y de Cádiz, con deseo de saber si por ventura conocían a sus padres. Así como Isabela alzó los ojos, los puso en ella su madre y detuvo el paso para mirarla más atentamente, y en la memoria de Isabela se comenzaron a despertar unas confusas noticias que le querían dar a entender que en otro tiempo ella había visto aquella mujer que delante tenía. Su padre estaba en la misma confusión, sin osar determinarse a dar crédito a la verdad que sus ojos le mostraban. Ricaredo estaba atentísimo a ver los afectos y movimientos que hacían las tres dudosas y perplejas almas, que tan confusas estaban entre el sí y el no de conocerse. Supo la reina del desasosiego de Isabela, porque la vio sudar y levantar la mano muchas veces para componerse el cabello.

En esto, deseaba Isabela que hablase la que decía ser su madre: quizá los oídos la sacarían de la duda en que sus ojos la habían puesto. La reina dijo a Isabela que en lengua española dijese a aquella mujer y a aquel hombre qué causa les había movido a no querer gozar de la libertad que Ricaredo les había dado, siendo la libertad la cosa más amada, no solo de la gente de razón, más aun de los animales que carecen de ella.

Todo esto preguntó Isabela a su madre, la cual, sin responder palabra, desatentadamente y medio tropezando, se llegó a Isabela y, sin mirar a respecto, temores ni miramientos cortesanos, alzó la mano a la oreja derecha de Isabela, y descubrió un lunar negro que allí tenía, cuya señal acabó de certificar su sospecha. Y, viendo claramente que era Isabela, su hija, abrazándola, alzó la voz, diciendo:

—¡Oh, hija de mi corazón! ¡Oh, prenda cara del alma mía!

Y, sin poder pasar adelante, cayó desmayada en los brazos de Isabela.

Su padre, no menos tierno que prudente, dio muestras de su sentimiento no con palabras, sino derramando lágrimas, que poco a poco bañaron su venerable rostro. Juntó Isabela su rostro con el de su madre, y, volviendo los ojos a su padre, de tal manera lo miró, que le dio a entender el placer y el descontento que de verlos allí su alma tenía. La reina, admirada de tal suceso, dijo a Ricaredo:

—Yo pienso, Ricaredo, que en vuestra discreción se han ordenado estas vistas, y no se os diga que han sido acertadas, pues sabemos que así suele matar una súbita alegría como mata una tristeza.

Y, diciendo esto, se volvió a Isabela y la apartó de su madre, la cual, habiéndole echado agua en el rostro, volvió en sí; y, estando un poco más en su acuerdo, puesta de rodillas delante de la reina, le dijo:

—Perdone vuestra majestad mi atrevimiento, que no es mucho perder los sentidos con la alegría del hallazgo de esta amada prenda.

Le respondió la reina que tenía razón, sirviéndole de intérprete, para que lo entendiese, Isabela; la cual, de la manera que se ha contado, conoció a sus padres, y sus padres a ella, a los cuales mandó la reina quedar en palacio, para que pudiesen ver y hablar a su hija y regocijarse con ella; de lo cual Ricaredo se alegró mucho, y de nuevo pidió a la reina cumpliese la palabra que le había dado de dársela, si acaso la merecía; y, de no merecerla, le suplicaba desde luego le mandase ocupar en cosas que le hiciesen digno de alcanzar lo que deseaba. Bien entendió la reina que estaba Ricaredo satisfecho de sí mismo y de su mucho valor, que no había necesidad de nuevas pruebas para calificarle; y así, le dijo que en cuatro días le entregaría a Isabela.

Con esto se despidió Ricaredo, contentísimo con la esperanza cercana que se llevaba de tener en su poder a Isabela sin sobresalto de perderla, que es el último deseo de los amantes.

Corrió el tiempo, y no con la ligereza que él quisiera: que los que viven con esperanzas de promesas venideras siempre imaginan que no vuela el tiempo, sino que anda sobre los pies de la pereza misma. Pero al fin llegó el día, no donde pensó Ricaredo poner fin a sus deseos, sino de hallar en Isabela gracias nuevas que le moviesen a quererla más, si pudiese. Pero en aquel breve tiempo, donde él pensaba que la nave de su buena fortuna corría con próspero viento hacia el deseado puerto, la contraria suerte levantó en su mar tal tormenta, que mil veces temió ahogarlo.

Es, pues, el caso que la camarera mayor de la reina, a cuyo cargo estaba Isabela, tenía un hijo de edad de veintidós años, el conde Arnesto. Le hacían grande su estado, su sangre, el mucho favor que su madre con la reina tenía; le hacían, digo, estas cosas más de lo justo arrogante, altivo y confiado. Este Arnesto se enamoró de Isabela tan encendidamente, que en la luz de los ojos de Isabela tenía abrasada el alma; y aunque, en el tiempo que Ricaredo había estado ausente, con algunas señales le había descubierto su deseo, nunca fue admitido por Isabela. Y, puesto que la repugnancia y los desdenes en los principios de los amores suelen hacer desistir de la empresa a los enamorados, en Arnesto obraron el efecto contrario los muchos y conocidos desdenes que le dio Isabela, porque con su celo ardía y con su honestidad se abrasaba. Y como vio que Ricaredo, según el parecer de la reina, tenía merecida a Isabela, y que en tan poco tiempo se la había de entregar por mujer, quiso desesperarse; pero, antes que llegase a tan infame y tan cobarde remedio, habló a su madre, diciendo que le pidiese a la reina que se le diera a Isabela por esposa; que si no, pensase que la muerte estaba llamando a las puertas de su vida. Quedó la camarera admirada de las razones de su hijo; y, como conocía la aspereza de su arrojada condición y la tenacidad con que se le pegaban los deseos en el alma, temió que sus amores habían de acabar en algún infeliz suceso. Con todo eso, como madre, a quien es natural desear y procurar el bien de sus hijos, prometió hablar a la reina: no con esperanza de alcanzar de ella el imposible de romper su palabra, sino por no dejar de intentarlo.

Y, estando aquella mañana Isabela vestida, por orden de la reina, tan ricamente que no se atreve la pluma a contarlo, y habiéndole echado la misma reina al cuello una sarta de perlas de las mejores que traía la nave, apreciadas en veinte mil ducados, y puesto un anillo de un diamante, apreciado en seis mil escudos, y estando contentas las damas por la fiesta que esperaban de la cercana boda, entró la camarera mayor a la reina, y de rodillas le suplicó suspendiese el desposorio de Isabela por otros dos días; que, con este único favor que su majestad le hiciese, se tendría por satisfecha y pagada de todos los favores que por sus servicios merecía y esperaba.

Quiso saber la reina primero por qué le pedía con tanto ahínco aquella suspensión, que tan derechamente iba contra la palabra que le había dado a Ricaredo; pero no se la quiso dar la camarera hasta que le hubo otorgado que haría lo que le pedía: tanto deseo tenía la reina de saber la causa de aquella demanda. Y así, después de que la camarera alcanzó lo que por entonces deseaba, contó a la reina los amores de su hijo, y cómo temía que, si no le daban por mujer a Isabela, o se había de desesperar, o hacer algún hecho escandaloso; y que, si había pedido aquellos dos días, era por dar lugar a su majestad pensase qué medio sería conveniente para dar remedio a su hijo.

La reina respondió que, si su real palabra no estuviera por medio, ella hallaría salida a tan cerrado laberinto, pero que no la rompería, ni defraudaría las esperanzas de Ricaredo, por todo el interés del mundo. Esta respuesta dio la camarera a su hijo, el cual, sin detenerse un punto, ardiendo en amor y en celos, se armó de todas armas, y sobre un fuerte y hermoso caballo se presentó ante la casa de Clotaldo, y a grandes voces pidió que se asomase Ricaredo a la ventana, el cual a aquella sazón estaba vestido de galas de desposado y a punto para ir a palacio con el acompañamiento que tal acto requería; pero, habiendo oído las voces, y habiéndole dicho quién las daba y del modo que venía, con algún sobresalto se asomó a una ventana; y como le vio Arnesto, dijo:

—Ricaredo, estate atento a lo que quiero decirte: la reina mi señora te mandó fueses a servirla y a hacer hazañas que te hiciesen merecedor de la sin par Isabela. Tú fuiste, y volviste cargadas las naves de oro, con el cual piensas haber comprado y merecido a Isabela. Y, aunque la reina mi señora te la ha prometido, ha sido creyendo que no hay ninguno en su corte que mejor que tú la sirva, ni quien con mejor título merezca a Isabela, y en esto bien podrá ser se haya engañado; y así, llegándome a esta opinión, que yo tengo por verdad averiguada, digo que ni tú has hecho cosas tales que te hagan merecer a Isabela, ni ninguna podrás hacer que a tanto bien te levanten; y, en razón de que no la mereces, si quisieres contradecirme, te desafío a muerte.

Calló el conde, y de esta manera le respondió Ricaredo:

—En ninguna manera me toca salir a vuestro desafío, señor conde, porque yo confieso, no solo que no merezco a Isabela, sino que no la merece ninguno de los que hoy viven en el mundo. Así que, confesando lo que decís, otra vez digo que no me toca vuestro desafío; pero yo lo acepto por el atrevimiento que habéis tenido en desafiarme.

Con esto se quitó de la ventana, y pidió rápidamente sus armas. Se alborotaron sus parientes y todos los que para ir a palacio habían venido a acompañarlo. De la mucha gente que había visto al conde Arnesto armado, y le había oído las voces del desafío, no faltó quien lo fue a contar a la reina, la cual mandó al capitán de su guarda que fuese a prender al conde. El capitán se dio tanta prisa, que llegó a tiempo que ya Ricaredo salía de su casa, armado con las armas con que se había desembarcado, puesto sobre un hermoso caballo.

Cuando el conde vio al capitán, imaginó pronto a lo que venía, y determinó no dejarse prenderse, y, alzando la voz contra Ricaredo, dijo:

—Ya ves, Ricaredo, el impedimento que nos viene. Si tuvieres gana de castigarme, tú me buscarás; y, por la que yo tengo de castigarte, también te buscaré; y pues dos que se buscan fácilmente se hallan, dejemos para entonces la ejecución de nuestros deseos.

—De acuerdo —respondió Ricaredo.

En esto, llegó el capitán con toda su guardia, y dijo al conde que quedase preso en nombre de su majestad. Respondió el conde que sí daba; pero no para que le llevasen a otra parte que a la presencia de la reina. Se contentó con esto el capitán, y, cogiéndolo en medio de la guarda, lo llevó a palacio ante la reina, la cual ya de su camarera estaba informada del amor grande que su hijo tenía a Isabela, y con lágrimas había suplicado a la reina perdonase al conde, que, como mozo y enamorado, a mayores errores estaba sujeto.

Llegó Arnesto ante la reina, la cual, sin entrar con él en razones, le mandó quitar la espada y llevasen preso a una torre.

Todas estas cosas atormentaban el corazón de Isabela y de sus padres, que tan presto veían turbado el mar de su sosiego. Aconsejó la camarera a la reina que para tranquilizar el mal que podía suceder entre su parentela y la de Ricaredo, se quitase la causa de por medio, que era Isabela, enviándola a España, y así cesarían los efectos que temía; añadiendo a estas razones que Isabela era católica, y tan cristiana que ninguna de sus persuasiones, que habían sido muchas, la habían podido torcer en nada de su católico intento. A lo cual respondió la reina que por eso la estimaba más, pues tan bien sabía guardar la ley que sus padres la habían enseñado; y que en lo de enviarla a España no tratase, porque su hermosa presencia y sus muchas gracias y virtudes le daban mucho gusto; y que, sin duda, si no aquel día, otro se la había de dar por esposa a Ricaredo, tal como se lo tenía prometido.

Con esta decisión de la reina, quedó la camarera tan desconsolada que no le replicó palabra; y, pareciéndole lo que ya le había parecido, que, si no era quitando a Isabela de por medio, no habría modo alguno que la rigurosa condición de su hijo ablandase ni redujese a tener paz con Ricaredo, determinó de hacer una de las mayores crueldades que pudo caber jamás en pensamiento de mujer principal. Y fue su determinación envenenar a Isabela; y aquella misma tarde lo hizo con una conserva que le dio, forzándola que la tomase por ser buena contra las ansias de corazón que sentía.

Poco tiempo después de haberlo tomado, a Isabela se le hinchó la lengua y la garganta, y a ponerse ennegrecidos los labios, y ronca la voz, se turbaron sus ojos y endurecido el pecho: señales conocidas de haberle tomado veneno. Acudieron las damas a la reina, contándole lo que pasaba y certificándole que la camarera había hecho aquel mal. No hubo que insistir para que la reina lo creyese, y fue a ver a Isabela, que ya casi estaba espirando.

Mandó llamar la reina con prisa a sus médicos, y, en tanto que tardaban, la hizo dar cantidad de antídotos que los grandes príncipes suelen tener previstos para semejantes necesidades. Vinieron los médicos, y se esforzaron en los remedios y pidieron a la reina hiciese decir a la camarera qué veneno le había dado, porque no se dudaba de que otra persona sino ella la hubiese avenenado. Confesó la verdad, y con esta noticia los médicos aplicaron tantos remedios y tan eficaces, que con ellos y con la ayuda de Dios quedó Isabela con vida, o al menos, con esperanza de tenerla.

Mandó la reina prender a su camarera y encerrarla en un cuarto estrecho del palacio, con intención de castigarla como su delito merecía, puesto que ella se disculpaba diciendo que matando a Isabela hacía sacrificio al cielo, quitando de la tierra a una católica, y con ella la ocasión de las pendencias de su hijo.

Estas tristes noticias oídas por Ricaredo, le pusieron en términos de perder el juicio: tales eran las cosas que hacía y las lastimeras razones con que se quejaba. Finalmente, Isabela no perdió la vida, que el quedar con ella la naturaleza lo conmutó dejándola sin cejas, pestañas y sin cabello; el rostro hinchado, la tez perdida, los cueros levantados y los ojos lagrimosos. Finalmente, quedó tan fea que, como hasta allí había parecido un milagro de hermosura, entonces parecía un monstruo. Mayor desgracia tenían los que la conocían al haber quedado de aquella manera, más que si la hubiera matado el veneno. Con todo esto, Ricaredo se la pidió a la reina, y le suplicó la dejase llevar a su casa, porque el amor que tenía por ella pasaba del cuerpo al alma; y que, si Isabela había perdido su belleza, no podía haber perdido sus infinitas virtudes.

—Así es —dijo la reina—, lleváosla, Ricaredo, y haced cuenta de que lleváis una riquísima joya encerrada en una caja de madera tosca; Dios sabe si quisiera dárosla como me la entregaste, pero, puesto que no es posible, perdonadme: quizá el castigo que diere a quien cometió tal delito satisfará en algo el deseo de la venganza.

Muchas cosas dijo Ricaredo a la reina disculpando a la camarera y suplicándole que la perdonara, pues las disculpas que daba eran bastantes para perdonar mayores insultos. Finalmente, le entregaron a Isabela y a sus padres, y Ricaredo los llevó a la casa de sus padres. A las ricas perlas y al diamante, añadió otras joyas la reina, y otros vestidos tales, que descubrieron el mucho amor que a Isabela tenía, la cual duró dos meses en su fealdad, sin dar indicio alguno de poder reducirse a su primera hermosura; pero, al cabo de este tiempo, comenzó a caérsele la piel y a descubrirse de nuevo su hermosa tez.

En este tiempo, los padres de Ricaredo, pareciéndoles que no fuera posible que Isabela volviese en sí, determinaron buscar a la doncella de Escocia, con quien primero, antes que con Isabela, tenían concertado de casar a Ricaredo; y esto sin que él lo supiese, no dudando de que la hermosura presente de la nueva esposa hiciese olvidar a su hijo la ya pasada de Isabela, a la cual pensaban enviar a España con sus padres, dándoles riquezas que recompensasen sus pasadas pérdidas. No pasó mes y medio cuando, sin saberlo Ricaredo, la nueva esposa le entró por las puertas, acompañada como quien ella era, tan hermosa que no había otra tan bella en toda Londres.

Se sobresaltó Ricaredo con la imprevista visita de la doncella, y temió que el sobresalto de su venida había de acabar con la vida de Isabela; y así, para templar este temor, se fue al lecho donde Isabela estaba y la encontró en compañía de sus padres, delante de los cuales dijo:

—Isabela de mi alma: mis padres, por el gran amor que me tienen, todavía no se han enterado del mucho que yo te tengo, y han traído a casa una doncella escocesa, con quien ellos tenían pensado casarme antes de que yo conociese lo que vales. Y esto, según creo, con intención de que la mucha belleza de esta doncella borre de mi alma la tuya. Yo, Isabela, desde el momento en que te quise fue con otro amor de quien tiene su fin y paradero en el cumplimiento del sensual apetito; puesto que tu corporal hermosura me cautivó los sentidos, tus infinitas virtudes me aprisionaron el alma, de manera que, si hermosa te quise, fea te adoro; y, para confirmar esta verdad, dame esa mano.

Y, dándole ella la derecha y asiéndola él con la suya, prosiguió diciendo:

—Por la fe católica que mis cristianos padres me enseñaron, que es la que yo en mi corazón confieso, creo y tengo, y por el verdadero Dios que nos está oyendo, te prometo, ¡oh Isabela, mitad de mi alma!, ser tu esposo, y lo soy desde luego si tú quieres levantarme a la alteza de ser tuyo.

Quedó sorprendida Isabela con las razones de Ricaredo, y sus padres atónitos y pasmados. Ella no supo qué decir, ni hacer que besar muchas veces la mano de Ricaredo y decirle, con voz mezclada con lágrimas, que le aceptaba y se entregaba por su esclava. La besó Ricaredo en el rostro feo, no habiendo tenido jamás atrevimiento de llegar a él cuando era hermoso.

Los padres de Isabela solemnizaron con tiernas y muchas lágrimas las fiestas del desposorio. Ricaredo les dijo que él dilataría el casamiento de la escocesa, que ya estaba en casa, del modo que después verían; y, cuando su padre los quisiese enviar a España a los tres, no lo rehusasen, sino que se fuesen y le aguardasen en Cádiz o en Sevilla dos años, dentro de los cuales les daba su palabra de estar con ellos, si el cielo tanto tiempo le concedía vida; y que si de este término pasase, tuviese por cosa muy cierta que algún gran impedimento, o la muerte, que era lo más probable, se había opuesto a su camino.

Isabela le respondió que no solo dos años le aguardaría, sino toda su vida, hasta estar enterada de que él no la tenía, porque en el punto que esto supiese, sería lo mismo que su muerte. Con estas tiernas palabras, se renovaron las lágrimas en todos, y Ricaredo salió a decir a sus padres cómo de ninguna manera se casaría ni daría la mano a su esposa la escocesa, sin haber primero ido a Roma para asegurar su conciencia. Tales razones les dio a ellos y a los parientes que habían venido con Clisterna, que así se llamaba la escocesa, y, como todos eran católicos, fácilmente las creyeron, y Clisterna se contentó quedarse en casa de su suegro hasta que Ricaredo volviese, al cual le pidió de plazo un año.

Concertado esto, Clotaldo dijo a Ricaredo cómo determinaba enviar a España a Isabela y a sus padres, si la reina le daba licencia: quizá los aires de la patria apresurarían y facilitarían la salud que ya comenzaba a tener. Ricaredo, por no dar indicio de sus designios, respondió tibiamente a su padre que hiciese lo que mejor le pareciese; solo le suplicó que no le quitara a Isabela ninguna de las riquezas que la reina le había dado. Se lo prometió Clotaldo, y aquel mismo día fue a pedir licencia a la reina, así para casar a su hijo con Clisterna, como para enviar a Isabela y a sus padres a España. De todo se contentó la reina, y tuvo por acertada la determinación de Clotaldo. Y aquel mismo día, sin acuerdo de letrados y sin poner a su camarera en tela de juicio, la condenó a que no sirviese más su oficio y en diez mil escudos de oro para Isabela; y al conde Arnesto, por el desafío, le desterró por seis años de Inglaterra.

No pasaron cuatro días, cuando Arnesto estaba a punto de salir a cumplir su destierro y los dineros estuvieron reunidos. La reina llamó a un mercader rico, que habitaba en Londres y era francés, el cual tenía correspondencia en Francia, Italia y España y al que entregó los diez mil escudos, y le pidió cédulas para que se los entregasen al padre de Isabela en Sevilla o en otra playa de España. El mercader, descontados sus intereses y ganancias, dijo a la reina que las daría ciertas y seguras para Sevilla, sobre otro mercader francés, su correspondiente, en esta forma: que él escribiría a París para que allí se hiciesen las cédulas por otro correspondiente suyo, a causa que rezasen las fechas de Francia y no de Inglaterra, por el contrabando de la comunicación entre los dos reinos, y que bastaba llevar una letra de aviso suya sin fecha, con sus contraseñas, para que luego diese el dinero el mercader de Sevilla, que ya estaría avisado del de París. En resumen, la reina tomó tales seguridades del mercader, que no dudó de no ser cierta la partida; y, no contenta con esto, mandó llamar a un patrón de una nave flamenca, que estaba para partir otro día a Francia, a solo tomar en algún puerto de ella testimonio para poder entrar en España, a título de partir de Francia y no de Inglaterra; al cual pidió encarecidamente llevase en su nave a Isabela y a sus padres, y con toda seguridad y buen trato los pusiera en un puerto de España, el primero a que llegase. El patrón, que deseaba contentar a la reina, dijo que lo haría, y que los pondría en Lisboa, Cádiz o Sevilla. Tomados, pues, los documentos del mercader, envió la reina decir a Clotaldo que no quitase a Isabela todo lo que ella la había dado, tanto joyas como vestidos.

Otro día, vino Isabela y sus padres a despedirse de la reina, que los recibió con mucho amor. Les dio la reina la carta del mercader y otros muchos regalos para el viaje. Con tales razones se lo agradeció Isabela, que de nuevo dejó obligada a la reina para hacerle siempre favores. Se despidió de las damas, las cuales, como estaba fea, no quisieran que se partiera, viéndose libres de la envidia que a su hermosura tenían, y contentas de gozar de sus gracias y discreciones. Abrazó la reina a los tres, y, encomendándolos a la buena ventura y al patrón de la nave, y pidiendo a Isabela la avisase de su buena llegada a España, y siempre de su salud, por la vía del mercader francés, se despidió de Isabela y de sus padres, los cuales aquella misma tarde se embarcaron, no sin lágrimas de Clotaldo y de su mujer y de todos los de su casa, de quien era en todo extremo bien querida. No se encontró en esta despedida presente Ricaredo, que por no dar muestras de tiernos sentimientos, aquel día hizo con unos amigos suyos le llevasen de caza. Los regalos que la señora Catalina dio a Isabela para el viaje fueron muchos, los abrazos infinitos, las lágrimas abundantes, la petición de que la escribiese, y los agradecimientos de Isabela y de sus padres correspondieron a todo; de suerte que, aunque llorando, los dejaron satisfechos.

Aquella noche se hizo el bajel a la vela; y, habiendo próspero viento tocado en Francia y tomado en ella los recados necesarios para poder entrar en España, en treinta días entró por el puerto de Cádiz, donde desembarcaron Isabela y sus padres; y, siendo conocidos de todos en la ciudad, fueron recibidos con muestras de enorme alegría. Recibieron mil felicitaciones por el hallazgo de Isabela y de la libertad que habían alcanzado, así de los moros que los habían cautivado (habiendo sabido todo su suceso de los cautivos que dio libertad la liberalidad de Ricaredo), como de la que habían alcanzado de los ingleses.

Ya Isabela en este tiempo comenzaba a dar muestras de recobrar su anterior hermosura. Poco más de un mes estuvieron en Cádiz, restaurando los trabajos de la navegación, y luego se fueron a Sevilla para ver si salía cierta la paga de los diez mil ducados que, librados sobre el mercader francés, traían. Dos días después de llegar a Sevilla lo buscaron, y lo hallaron y le dieron la carta del mercader francés de la ciudad de Londres. Él la reconoció, y dijo que hasta que de París le viniesen las letras y carta de aviso no podía dar el dinero; pero que por momentos aguardaba el aviso.

Los padres de Isabela alquilaron una casa principal, cercana de Santa Paula, aprovechando que estaba monja en aquel monasterio una sobrina suya, única y extremada en la voz, para tenerla cerca al haber dicho Isabela a Ricaredo que, si venía a buscarla, la hallaría en Sevilla y le diría su casa su prima la monja de Santa Paula, y que para conocerla solo bastaría preguntar por la monja que tenía la mejor voz del monasterio, porque estas señas no se le podían olvidar.

Otros cuarenta días tardaron en venir los avisos de París; y, a dos que llegaron, el mercader francés entregó los diez mil ducados a Isabela, y ella a sus padres; y con ellos y con algunos más que hicieron vendiendo algunas de las muchas joyas de Isabela, volvió su padre a ejercer su oficio de mercader, no sin admiración de los que sabían de sus grandes pérdidas. En fin, en pocos meses fue restaurando su perdido crédito, y la belleza de Isabela volvió a su ser primero, de tal manera que, hablando de hermosas, todos daban el premio a la española inglesa; que, tanto por este nombre como por su hermosura, era conocida en toda la ciudad. Por orden del mercader francés de Sevilla, escribieron Isabela y sus padres a la reina de Inglaterra contándoles su llegada, con los agradecimientos y sumisiones que requerían los muchos favores de ella recibidos.

Asimismo, escribieron a Clotaldo y a su señora Catalina, llamándolos Isabela padres, y sus padres, señores. De la reina no tuvieron respuesta, pero de Clotaldo y de su mujer sí, donde les daban el parabién de la llegada a salvo, y los avisaban cómo su hijo Ricaredo, otro día después que ellos se hicieron a la vela, había partido a Francia, y de allí a otras partes, donde le convenía ir para seguridad de su conciencia, añadiendo a estas razones y cosas de mucho amor y de muchos ofrecimientos. A la carta respondieron con otra no menos cortés y amorosa que agradecida.

Luego imaginó Isabela que haber dejado Ricaredo Inglaterra sería para buscarla en España; y, alentada con esta esperanza, vivía como la persona más contenta del mundo, procurando vivir de manera que, cuando Ricaredo llegase a Sevilla, antes le diese en los oídos la fama de sus virtudes que el conocimiento de su casa. Pocas veces o ninguna salía de su casa, si no era para ir al monasterio; no ganaba otros jubileos que aquellos que en el monasterio se ganaban. Desde su casa y desde su oratorio andaba con el pensamiento los viernes de Cuaresma la santísima estación de la cruz, y los siete venideros del Espíritu Santo. Jamás visitó el río, ni pasó a Triana, ni vio el común regocijo en el campo de Tablada y puerta de Jerez el día, si le hace claro, de San Sebastián, celebrado por tanta gente, que apenas se puede reducir a número. Finalmente, no vio regocijo público ni otra fiesta en Sevilla: todo lo libraba en su recogimiento y en sus oraciones y buenos deseos esperando a Ricaredo. Este su grande retraimiento tenía abrasados y encendidos los deseos, no solo de los presumidos del barrio, sino de todos aquellos que una vez la hubiesen visto: de aquí nacieron rondas de noche en su calle y carreras de día. De este no dejar verse y desearlo muchos crecieron las alhajas de las terceras, que prometieron mostrarse primeras y únicas en solicitar a Isabela; y no faltó quien se quiso aprovechar de lo que llaman hechizos, que no son sino embustes y disparates. Pero a todo esto estaba Isabela como roca en mitad del mar, que la tocan, pero no la mueven ni las olas ni los vientos.

Año y medio había pasado cuando la esperanza cercana de los dos años prometidos por Ricaredo comenzaron a fatigar el corazón de Isabela. Y, cuando ya le parecía que su esposo llegaba y que le tenía ante los ojos, y le preguntaba qué impedimentos le habían detenido, cuando ya llegaban a sus oídos las disculpas de su esposo, y cuando ella lo perdonaba y lo abrazaba, como a mitad de su alma lo recibía, llegó a sus manos una carta de la señora Catalina, escrita en Londres hacía cincuenta días; venía en lengua inglesa, pero, leyéndola en español, vio que así decía:

«Hija de mi alma: bien conociste a Guillarte, el paje de Ricaredo. Este se fue con él en el viaje que Ricaredo hizo a Francia y a otras partes comenzado en el segundo día de tu partida. Pues este mismo Guillarte, después de dieciséis meses sin saber de mi hijo, entró ayer por nuestra puerta con la noticia de que el conde Arnesto había matado a traición en Francia a Ricaredo. Considera, hija, cómo nos quedamos su padre y yo con tales noticias que no nos dejaron poner en duda nuestra desgracia. Lo que Clotaldo y yo te rogamos de nuevo, hija de mi alma, es que encomiendes muy de veras a Dios la de Ricaredo, que bien merece este beneficio quien tanto te quiso como tú sabes. También pedirás a Nuestro Señor nos dé a nosotros paciencia y buena muerte, a quien nosotros también pediremos y suplicaremos te dé a ti y a tus padres largos años de vida».

Por la letra y por la firma, no le quedaron dudas a Isabela para no creer la muerte de su esposo. Conocía muy bien al paje Guillarte, y sabía que decía la verdad y que no tenía para qué fingir aquella muerte; ni mucho menos su madre, la señora Catalina, la habría fingido, por no importarle nada enviarle noticias tan tristes. Finalmente, ningún discurso que hizo, ninguna cosa que imaginó, le pudo quitar del pensamiento no ser verdadera la noticia de su desgracia.

Acabada de leer la carta, sin derramar lágrimas ni dar señales de doloroso sentimiento, con rostro tranquilo y, al parecer, con sosegado pecho, se levantó de un estrado donde estaba sentada y entró en un oratorio; e, hincándose de rodillas ante la imagen de un crucifijo, hizo promesa de ser monja, pues lo podía hacer teniéndose por viuda. Sus padres disimularon y encubrieron con discreción la pena que les había dado la triste noticia para poder consolar a Isabela en la amargura que sentía; quien, casi como satisfecha de su dolor, templándole con la santa y cristiana decisión que había tomado, ella consoló a sus padres, a los cuales descubrió su intento, y ellos le aconsejaron que no lo pusiese en ejecución hasta que pasaran dos años que Ricaredo había puesto por término a su venida; que con esto se confirmaría la verdad de la muerte de Ricaredo, y ella con más seguridad podía cambiar de estado. Así lo hizo Isabela, y los seis meses y medio que quedaban para cumplirse los dos años, los pasó haciendo ejercicios de religiosa y concertando su entrada al monasterio, habiendo elegido el de Santa Paula, donde estaba su prima.

Pasó el plazo de los dos años y llegó el día de tomar el hábito, cuya noticia se extendió por la ciudad; y de los que conocían de vista a Isabela y a quienes, por su fama, se llenó el monasterio y la poca distancia que de él a la casa de Isabela había. Y, convidando su padre a sus amigos y estos a otros,

hicieron a Isabela uno de los más honrados acompaña-
mientos que en semejantes actos se había visto en Sevilla.
Se halló en él el asistente, y el juez diocesano vicario del
arzobispo, con todas las señoras y señores de nobleza que
había en la ciudad: tal era el deseo de que en todos había
de ver el sol de la hermosura de Isabela, que tantos meses
se les había eclipsado. Y, como es costumbre de las doncellas que van a tomar el hábito ir lo más galanas y compues-
tas posible, como quien en aquel punto echa el resto de la
valentía y se descarta de ella, quiso Isabela ponerse la más
valiente que le fue posible; y así, se vistió con aquel mismo
vestido que llevó cuando fue a ver la reina de Inglaterra,
del que ya se ha dicho qué rico y vistoso era. Salieron a
luz las perlas y el famoso diamante, con el collar y cintura, que igualmente era de mucho valor. Con este adorno y
con su gallardía, dando ocasión para que todos alabasen a
Dios en ella, salió Isabela de su casa a pie, pues al estar tan
cerca del monasterio escusó coches y carrozas. El concur-
so de la gente fue tanto, que les pesó de no haber entrado
en los coches, que no les daban lugar de llegar al monasterio. Unos bendecían a sus padres, otros al cielo, por tanta
hermosura como la había dotado; unos se empinaban por
verla; otros, habiéndola visto una vez, corrían por verla otra
vez más; y quien más insistió en esto fue un hombre vestido con hábito de los que vienen rescatados de cautivos,
con una insignia de la Trinidad en el pecho, como señal de
que han sido rescatados por la limosna de sus redentores.
Este cautivo, al tiempo que Isabela tenía un pie dentro de
la portería del convento, donde habían salido a recibirla la
priora y las monjas con la cruz, a grandes voces dijo:

—¡Detente, Isabela, detente!; que mientras yo esté vivo
no puedes tú ser religiosa.

A estas voces, Isabela y sus padres volvieron los ojos, y vieron que, entre toda la gente, hacia ellos venía un cautivo al que, habiéndosele caído un bonete azul redondo que llevaba en la cabeza, mostró una confusa madeja de cabellos dorados y ensortijados, y un rostro como el carmín y como la nieve, colorado y blanco: señales que luego le hicieron conocer y juzgar como extranjero. En efecto, llegó donde Isabela estaba; y, cogiéndola de la mano, le dijo:

— ¿Me conoces, Isabela? Soy Ricaredo, tu esposo.

—Sí te conozco —dijo Isabela—, si no eres un fantasma que viene a turbar mi reposo.

Sus padres lo cogieron y atentamente lo miraron, y en resumen supieron que era Ricaredo, el cautivo; quien, con lágrimas en los ojos, hincando las rodillas delante de Isabela, le suplicó que no se extrañara del traje que llevaba, ni estorbase su baja fortuna a la palabra que entre los dos se habían dado. Isabela, a pesar de la impresión que en su memoria había hecho la carta de su madre de Ricaredo, dándole noticias de su muerte, quiso dar más crédito a sus ojos y a la verdad que tenía presente; y así, abrazándose con el cautivo, le dijo:

—Sin duda, señor mío, sois aquel que solo podrá impedir mi cristiana determinación. Sois sin duda la mitad de mi alma, pues sois mi verdadero esposo; estampado os tengo en mi memoria y guardado en mi alma. Las noticias sobre vuestra muerte escritas por mi señora, vuestra madre, ya que no me quitaron la vida, me hicieron escoger la de la religión, que en este punto quería entrar a vivir en ella. Pero como Dios, con tan justo impedimento mostró querer otra cosa, ni se puede ni conviene por mi parte impedirlo. Venid, señor, a la casa de mis padres, que es la vuestra, y allí os entregaré mi posesión por los términos que pide nuestra santa fe católica.

Todas estas razones oyeron los presentes, y el asistente, y vicario, y provisor del arzobispo; y al oírlas se admiraron y sorprendieron y quisieron que luego se les dijese qué historia era esa, qué extranjero aquel y de qué casamiento se trataba. A todo lo cual respondió el padre de Isabela, diciendo que aquella historia pedía otro lugar y forma para ser contada. Y así, suplicaba a todos los que quisiesen saberla, regresaran a su casa, pues estaba tan cerca; que allí se la contarían de modo que con la verdad quedasen satisfechos, y con la grandeza y extrañeza de aquel suceso admirados. En esto, uno de los presentes alzó la voz, diciendo:

—Señores, este joven es un gran corsario inglés; yo lo conozco; y es el mismo que hará poco más de dos años tomó a los corsarios de Argel la nave de Portugal que venía de las Indias. No hay duda de que es él, porque me dio libertad y dineros para volver a España, y no solo a mí, sino a otros trecientos cautivos.

Con estas razones se alborotó la gente y se avivó el deseo que todos tenían de saber y ver la claridad de tan intricadas cosas. Finalmente, la gente más importante, con el asistente y los dos señores eclesiásticos, volvieron a acompañar a Isabela a su casa, dejando a las monjas tristes, confusas y llorando por lo que perdían al no tener en su compañía a la hermosa Isabela; la cual, estando en su casa, en una gran sala hizo que aquellos señores se sentaran. Y, aunque Ricaredo quiso contar su historia, todavía le pareció que era mejor fiarlo de la lengua y discreción de Isabela, y no de la suya, pues no muy expertamente hablaba la lengua castellana.

Callaron los presentes; y, teniendo las almas pendientes de las razones de Isabela, ella comenzó su historia la cual reduzco yo a lo que contó desde el día en que Clotaldo la robó de Cádiz, hasta que volvió a la ciudad, contando igualmente la batalla que Ricaredo había tenido con los turcos, la generosidad que había tenido con los cristianos, la palabra que ambos se habían dado de ser marido y mujer, la promesa de los dos años, las noticias que había tenido de su muerte: tan ciertas a su parecer, que la pusieron en camino de hacerse religiosa. Engrandeció la liberalidad de la reina, la cristiandad de Ricaredo y de sus padres, y acabó diciendo lo que le había sucedido a Ricaredo desde que salió de Londres hasta ese día, en el que lo veían vestido con hábito de cautivo y con una señal de haber sido rescatado por limosna.

—Así es —dijo Ricaredo—, y en breves razones sumaré los inmensos trabajos míos:

«Después de partir de Londres, por excusar el casamiento que no podía hacer con Clisterna, aquella doncella escocesa católica con quien ha dicho Isabela que mis padres me querían casar, llevando en mi compañía a Guillarte, el paje que mi madre escribe que llevó a Londres las noticias de mi muerte, atravesando por Francia, llegué a Roma, donde se alegró mi alma y se fortaleció mi fe. Besé los pies al sumo pontífice, confesé mis pecados con la mayor penitencia; me absolvió de ellos, y me dio los doscientos necesarios que diesen fe de mi confesión y penitencia y de la reducción que había hecho a nuestra universal madre la Iglesia. Hecho esto, visité los innumerables lugares santos que hay en esa ciudad; y de dos mil escudos que tenía en oro, cambié mil seiscientos a un cambista de esta ciudad llamado Roqui Florentín[72]. Con los cuatrocientos que me quedaron, con intención de venir a España, partí para Génova, donde tenía noticias de que había dos galeras que partían para España.

»Llegué con Guillarte, mi criado, a un lugar que se llama Aquapendente, sitio que, viniendo de Roma a Florencia[73], es el último que tiene el papa, y en una hostería o posada, donde me apeé, hallé al conde Arnesto, mi mortal enemigo, que con cuatro criados iba disfrazado y encubierto, más por ser curioso que por ser católico, entiendo que iba a Roma. Creí sin duda que no me había conocido. Me encerré en un cuarto con mi criado, y estuve con cuidado y con determinación de cambiarme a otra posada cuando fuera noche cerrada. No lo hice así, porque el descuido grande que yo pensé que tenían el conde y sus criados, me aseguró que no me habían conocido. Cené en mi aposento, cerré la puerta, preparé mi espada, me encomendé a Dios y no quise acostarme. Se durmió mi criado, y yo sobre una silla me quedé medio dormido; pero, poco después de la media noche, me despertaron, para hacerme dormir el eterno sueño, cuatro hombres con armas de fuego que, como después supe, dispararon contra mí; y, dejándome por muerto, teniendo preparados los caballos, se fueron, diciendo al huésped de la posada que me enterrase, porque era hombre principal; y, con esto, se fueron.

»Mi criado, según dijo después el huésped, despertó al ruido, y con el miedo se arrojó por una ventana que caía a

---

[72] Parece ser un personaje histórico dedicado a la banca.

[73] Lugar al norte de Roma en la actual provincia de Viterbo. Es el último que tiene el papa porque pertenecía a los Estados de la Iglesia en la frontera con el dominio florentino.

un patio; y, diciendo «¡desventurado de mí, que han matado a mi señor!», se salió del mesón; y debió de ser con tal miedo, que no debió de parar hasta Londres, pues él fue quien llevó las nuevas de mi muerte.

»Subieron los de la hostería y me hallaron herido con cuatro balas y con muchos perdigones; pero todas por partes, que de ninguna fue mortal la herida. Pedí confesión y todos los sacramentos como católico cristiano; me los dieron, me curaron y no pude ponerme en camino en dos meses; al cabo de los cuales vine a Génova, donde no hallé otro pasaje, sino en dos pequeñas embarcaciones que fletamos yo y otros dos principales españoles: la una para que fuese delante descubriendo, y la otra donde nosotros fuésemos.

»Con esta seguridad nos embarcamos, navegando tierra a tierra con intención de no acercarnos a la costa; pero, llegando a un paraje que llaman las Tres Marías, que está en la costa de Francia[74], yendo nuestra primera embarcación descubriendo, a deshora salieron de una cala dos galeras turcas; y, tomándonos la una la mar y la otra la tierra, cuando íbamos a embestirlas, nos cortaron el camino y nos cautivaron. Entrando en la galera, nos desnudaron hasta dejarnos en carnes. Despojaron las barcas de cuanto llevaban, y las dejaron encallar en tierra sin echarlas al fondo, diciendo que aquellas les servirían otra vez de traer otra galima, nombre con el llaman ellos a los botines que de los cristianos toman. Bien se me podrá creer si digo que sentí en el alma mi cautiverio, y sobre todo la pérdida de los documentos de Roma, donde en una caja de lata los traía,

---

[74] Lugar cercano a Marsella donde la crítica había localizado tradicionalmente la captura de Cervantes por los corsarios argelinos.

con la cédula de los mil seiscientos ducados; pero la buena suerte quiso que llegara a manos de un cristiano cautivo español, que las guardó; que si hubieran caído en poder de los turcos, por lo menos había de dar por mi rescate lo que rezaba la cédula, que ellos habrían averiguado cuál era.

»Nos trajeron a Argel, donde supe que estaban rescatando los padres de la Santísima Trinidad. Les hablé, les dije quién era, y, movidos por la caridad, aunque yo era extranjero, me rescataron en esta forma: que dieron por mí trecientos ducados, ciento después y doscientos cuando volviese el bajel de la limosna a rescatar al padre de la redención, que se quedaba en Argel empeñado en cuatro mil ducados, que había gastado más de los que traía[75]. Porque a toda esta misericordia y liberalidad se extiende la caridad de estos padres, que dan su libertad por la ajena, y se quedan cautivos por rescatar a los presos. Por añadidura del bien de mi libertad, hallé la caja perdida con los documentos y la cédula. Se la mostré al bendito padre que me había rescatado, y le ofrecí quinientos ducados más de los de mi rescate para ayuda de su empeño.

»Casi un año tardó en regresar la nave de la limosna; y lo que en este año me pasó, lo puedo contar ahora, fue otra nueva historia. Solo diré que fui conocido de uno de los veinte turcos que di libertad con los demás cristianos ya referidos, y fue tan agradecido y tan hombre de bien, que no quiso descubrirme; porque, al saber los turcos que yo era quien había echado al fondo sus dos bajeles, y les había quietado de las manos la gran nave de la

---

[75] El padre trinitario se queda en prenda cautivo hasta que se pague el resto. Un hecho similar ocurrió en el rescate de Cervantes, por lo que existe un paralelismo entre su propia historia y esta narración.

India, me hubiesen presentado ante el Gran Turco o me habrían quitado la vida; y presentarme al Gran Señor hubiera significado no tener libertad en mi vida. Finalmente, el padre redentor vino a España conmigo y con otros cincuenta cristianos rescatados. En Valencia hicimos la procesión general, y desde allí cada uno partió donde más le interesó, con las insignias de su libertad, que son estos hábitos. Hoy llegué a esta ciudad, con tanto deseo de ver a Isabela, mi esposa, que, sin detenerme a otra cosa, pregunté por este monasterio, donde me habían de dar nuevas de ella. Lo que en él me ha sucedido ya se ha visto. Lo que queda por ver son estos documentos, para que se pueda tener por verdadera mi historia, que tiene tanto de milagrosa como de verdadera».

Y luego, diciendo esto, sacó de una caja de lata los documentos que decía, y se los puso en manos del juez, que los vio junto con el señor asistente; y no halló en ellos cosa que le hiciese dudar de la verdad que Ricaredo había contado. Y, para más confirmación de ella, ordenó el cielo que se hallase presente a todo esto el mercader Florentín, sobre quien venía la cédula de los mil seiscientos ducados, quien pidió que le mostrasen la cédula; y, mostrándosela, la reconoció y la aceptó para después, porque él hace muchos meses tenía aviso de esta partida. Todo esto fue añadir admiración a admiración y espanto a espanto. Ricaredo dijo que de nuevo ofrecía los quinientos ducados que había prometido. Abrazó el asistente a Ricaredo y a los padres de Isabela y a ella, ofreciéndoseles a todos con corteses razones. Lo mismo hicieron los dos señores eclesiásticos, y rogaron a Isabela que pusiese toda aquella historia por escrito, para que la leyese su señor el arzobispo; y ella lo prometió.

El gran silencio que todos los presentes habían tenido, escuchando el extraño caso, se rompió en dar alabanzas a Dios por sus grandes maravillas; y, dando desde el mayor hasta el más pequeño la enhorabuena a Isabela, a Ricaredo y a sus padres, los dejaron; y ellos suplicaron al asistente honrase sus bodas, que de allí a ocho días pensaban hacerlas. Se alegró de hacerlo así el asistente, y, en ocho días, acompañado de las personas más principales de la ciudad, se encontró en ellas.

Por estos rodeos y por estas circunstancias, los padres de Isabela recuperaron a su hija y su hacienda; y ella, favorecida del cielo y ayudada de sus muchas virtudes, a despecho de tantos inconvenientes, encontró un marido tan principal como Ricaredo, en cuya compañía se piensa que aún hoy vive en las casas que alquilaron cerca de Santa Paula, que después las compraron los herederos de un hidalgo burgalés llamado Hernando de Cifuentes[76].

Esta novela nos podría enseñar cuánto puede la virtud, y cuánto la hermosura, pues van bastantes juntas, y cada una de por sí, a enamorar aun hasta los mismos enemigos; y de cómo sabe el cielo sacar, de las mayores adversidades nuestras, nuestros mayores provechos.

---

[76] Es posible que este sea un personaje histórico utilizado por Cervantes para dar verosimilitud a la narración.

◆ 7 ◆

BIBLIOGRAFÍA

CERVANTES, Miguel de (2005). *Novelas ejemplares*. Barcelona, Edición de Jorge García López. Galaxia Gutenberg, Círculo de Lectores, Centro para la edición de los clásicos españoles.

PEÑA, J. Francisco (2018). *Cervantes y la libertad de las mujeres*. Alcalá de Henares, Universidad de Alcalá de Henares, Instituto Universitario de investigación Miguel de Cervantes.

Diccionario de Autoridades. RAE.

REY HAZAS, Antonio (2005). *Poética de la libertad y otras claves cervantinas*. Madrid, Eneida.

SÁNCHEZ MOLTÓ, Vicente (2017). "Las cervantas", en *Mujeres en Alcalá de Henares. Un paseo por la historia*. Alcalá de Henares, Institución de Estudios complutenses.

VIGIL, Mariló (1986). *La vida de las mujeres en los siglos XVI y XVII*. Madrid, Siglo XXI.

◆

TÍTULOS DE LA COLECCIÓN

1. Al paso del entremés
2. El Caballero de Olmedo
3. La zapatera prodigiosa
4. Lazarillo de Tormes
5. Antología de poesía española
6. Heroínas de Cervantes